红色龙隐

广元市苍溪县五龙镇蟠龙村党支部　编

九州出版社
JIUZHOUPRESS

图书在版编目（CIP）数据

红色龙隐 / 广元市苍溪县五龙镇蟠龙村党支部编
. -- 北京 : 九州出版社，2023.1
ISBN 978-7-5225-1393-5

Ⅰ．①红… Ⅱ．①广… Ⅲ．①红四方面军－史料
Ⅳ．①E297.2

中国版本图书馆 CIP 数据核字（2022）第 222419 号

红色龙隐

作　　者　广元市苍溪县五龙镇蟠龙村党支部　编
责任编辑　刘　嘉
出版发行　九州出版社
地　　址　北京市西城区阜外大街甲 35 号（100037）
发行电话　（010）68992190/3/5/6
网　　址　www.jiuzhoupress.com
印　　刷　成都市兴雅致印务有限责任公司
开　　本　787 毫米 ×1092 毫米　16 开
印　　张　11
字　　数　136 千字
版　　次　2023 年 1 月第 1 版
印　　次　2023 年 1 月第 1 次印刷
书　　号　ISBN 978-7-5225-1393-5
定　　价　78.00 元

《红色龙隐》编写组

顾　　　问：张廷杰　杜军昌　牟淬华　杨正平　王　军
　　　　　　王孔林　赵　军　孙泽尧
策　　　划：胡　波　张兴中　李兴强　曾其奎　牟伦德
执 笔 主 编：薛太平
副　主　编：张　剑　周辉鉴　曾其国
资料图片收集：李正荣　赵龙国　张家寿
史 实 审 核：中共苍溪县委党史研究室
主 办 单 位：中共苍溪县五龙镇蟠龙村支部委员会

支持单位：中共广元市委机构编制委员会办公室
　　　　　苍溪县文化旅游和体育局
　　　　　中共苍溪县五龙镇委员会
　　　　　苍溪县五龙镇人民政府
　　　　　中共苍溪县鸳溪镇委员会
　　　　　苍溪县鸳溪镇人民政府
　　　　　中共苍溪县浙水乡委员会
　　　　　苍溪县浙水乡人民政府
赞助单位：四川武都电站有限公司
　　　　　四川省苍溪县五龙中学校
　　　　　苍溪县五龙镇中心小学校

苍溪县三川区第九乡（龙隐寺乡）苏维埃政府设在五龙镇龙隐寺。图为龙隐寺风光

1935 年 3 月 29 日，中国工农红军第四方面军 31 军一部强渡嘉陵江浙水乡小浙河渡口，原渡口已被淹没。图为浙水乡渡口新貌

1935 年 3 月 29 日，中国工农红军第四方面军 31 军 91 师强渡嘉陵江鸳溪渡口，原渡口已淹没。图为鸳溪镇渡口新貌

1933—1935年，五龙镇龙隐村、鸳溪镇学堂村、浙水乡杨柳村是龙隐寺乡苏维埃政府革命活动的中心地带。图为浙水乡在三村结合部的文家梁新建的文龙新场

1935年3月29日，中国工农红军第四方面军31军91师强渡嘉陵江鸳溪渡口，原鸳溪场、渡口已淹没。图为新建的鸳溪渡口新村

《红色龙隐》编写组

省委组织部领导考察龙隐寺乡苏维埃遗址

市委编办领导考察龙隐寺苏维埃遗址

县关工委领导考察龙隐寺乡苏维埃遗址

1935年3月29日红军强渡嘉陵江小浙河渡口临时指挥所遗址——浙水乡梁都村尖山子的张家院子

1935年3月下旬，红四方面军强渡嘉陵江进入临战状态，红31军91师渡江指挥所移至苍溪县鸳溪镇鼓楼村的阙子寺。图为阙子寺，现改建为鼓楼山庄

苍溪县三川区第五乡（新店子乡）苏维
埃政府设在白鹤乡的新店子。图为苍溪县白
鹤乡新店中远景

苍溪县三川区第七乡（五里子乡）苏维
埃政府设在五龙镇的五龙场。图为苍溪县五
龙镇五龙场一角

1933—1935年，中国工农红军第四方面军和龙隐寺乡苏维埃政府革命活动的中心地
带。图为嘉陵江亭子口电站远景

龙隐寺洞岩碥七洞并列风景

龙隐寺狮王石

龙隐寺三生石

龙隐寺一线天

龙隐寺七仙姑风景树

龙隐寺龙眼湖

1934年冬天，红四方面军在苍溪县浙水乡玄都村进行了玄都观战斗。图为红军在玄都观山下隐蔽的岩洞和构筑的掩体

内容简介

　　1933—1935 年，在苍溪县成立了三川区第九乡（龙隐寺乡）苏维埃政府，辖五龙镇部分、鸳溪镇部分和浙水乡全境共 22 个村（按现行村计）。中国工农红军第四方面军和龙隐寺乡苏维埃政府在这片土地上，开展了大量革命活动：组织青年参加红军，组织群众参加游击队、妇救会、童子团，建立红军兵器厂、红军服装厂，为中国革命做出了突出贡献，留下众多红色遗址、遗迹和革命故事。《红色龙隐》一书，较为全面地反映了红军在苍溪县龙隐苏区的革命活动，收集整理了红军强渡嘉陵江战役前在龙隐苏区发生的四坪里、玄都观、尖山子战斗和强渡嘉陵江过程中鸳溪口、石锣锅、小浙河渡口战斗的相关事迹。老区人民弘扬红军精神，积极参加抗日战争、解放战争、抗美援朝战争，在社会主义革命和建设的各个时期都做出了重要贡献。本书还收录了龙隐地区涌现出的先进典型人物事迹；展现了党的十八大以来，龙隐地区通过实施脱贫攻坚战役所发生的深刻变化。

序　言

张运杰

　　红色，象征光明，象征信仰，凝聚力量，引领未来。红色文化是宝贵的精神财富，承载着伟大的革命历史，蕴含着伟大的时代精神。

　　1933 年中国工农红军到达苍溪县，在五龙镇蟠龙村的龙隐寺建立了龙隐寺乡苏维埃政府，下辖原五龙乡、鸳溪乡的部分村苏维埃和浙水乡的大部分村苏维埃，是川陕革命根据地的重要组成部分，也是中国工农红军红四方面军 1935 年 3 月底强渡嘉陵江，在鸳溪渡口、石锣锅渡口、小浙河渡口战斗的前沿阵地和驻扎之地，更是中国工农红军红四方面军长征出发地。

　　在龙隐苏区这片红色的土地上，中国工农红军红四方面军指挥了龙隐寺战斗、玄都观战斗、尖山子战斗、渡江战斗等多次战斗。辖区有 260 多人参加中国工农红军，组建了 180 多人的苏维埃游击队、100 多人的苏维埃妇救会、100 多人的苏维埃童子团，创建了苏维埃兵器厂、苏维埃服装厂。在残酷的斗争中，许多苏区干部、游击队员和革命进步群众惨遭国民党反动派杀害，不少人家破人亡、妻离子散，乌云笼罩在整个苏区。据中共苍溪县委党史研究室、苍溪县档案馆编著的《苍溪红军录》中统计，在龙隐苏区参加红军的260多人，到1949年10月1日中华人民共和国成立时，仅有20余人幸存，240余人为中国的解放事业献出了年轻的生命。中国工农红军龙隐寺乡苏维埃政府在辖区内开展革命武装斗争，严惩土豪劣绅、恶霸地主、反动民团；指挥辖区的武装斗争，配合红军强渡嘉陵江，为红军强渡嘉陵江而送船、送粮、送衣服、送弹药，捐树、捐竹、捐案板、捐门板、捐木桶，制作渡江木筏20多艘。在这片热土上开展了轰轰烈烈的革命运动，留下了许多感人的革命故事。

今天，龙隐地区发生了翻天覆地的变化，人民安居乐业，社会和谐稳定，面貌焕然一新。遗存下来的战斗遗址和革命精神，将永葆青春代代相传，教育子孙后代，传承先辈遗志，不忘初心，牢记使命，继续奋勇拼搏，砥砺前行。近几年来，苍溪县关工委，五龙镇党委、镇政府，多次到龙隐苏区遗址进行考察。在五龙镇党委、镇政府的大力支持和关心下，五龙镇关工委和龙隐村党支部、村委会，在龙隐苏区原址树立起革命英烈纪念碑和纪念塔，苏区三乡五村村民，义务投工500多个，疏通当年红军战斗道路五公里，修通到原龙隐寺乡苏维埃政府驻地公路，修通到当年红军屯兵的岩洞道路，修建了可供参观的木梯。2020年成立《红色龙隐》编写组，村党支部书记曾其奎高度重视，精心策划，多方筹措经费，为《红色龙隐》的编辑出版提供了保障。本村老同志李正荣主动奔走各地收集红四方面军和龙隐寺乡苏维埃政府的资料、留存民间的红军故事。本村退休干部薛太平同志整体构思、执笔撰写，数易其稿，义务完成了《红色龙隐》书稿。作为一个基层行政村，能够完成这样一项有意义的工作，实属不易。

我出生在苍溪县五龙镇龙隐村，在家乡度过了青少年时代。自

1960年应征入伍离开家乡后，虽然回家不多，但我热爱家乡，心系家乡，无论走到哪里，都时时刻刻关注和关心家乡的发展变化。获知龙隐村与平安村已合并为"蟠龙村"，村党支部组织编写《红色龙隐》一书，我由衷地感到高兴，并感谢村党支部为家乡的子孙后代做了一件大好事。习近平总书记强调，要把红色资源利用好、把红色传统发扬好、把红色基因传承好。《红色龙隐》作为一本乡土红色教科书，正是落实习总书记重要指示精神的具体行动，积极推进红色成果进校园、进教材、进课堂、进青少年头脑，以中国共产党的光荣历史、伟大功绩、精神风范和红军的典型事迹占领广大青少年的思想阵地，培养青少年热爱党、热爱祖国、热爱社会主义的情怀，使红军精神代代相传，永放光芒！

祝愿家乡建设得更加美好！

祝愿家乡人民幸福安康！

2022年7月5日于绵阳

（张廷杰，苍溪县五龙镇龙隐村人，绵阳军分区原副司令员，大校军衔。）

目 录
CONTENTS

苍溪县苏维埃（1935年）政权示意图

图　例

县界　今…………
　　　古观
县苏维埃治地　★
区苏维埃治地　▦
乡苏维埃治地　♘

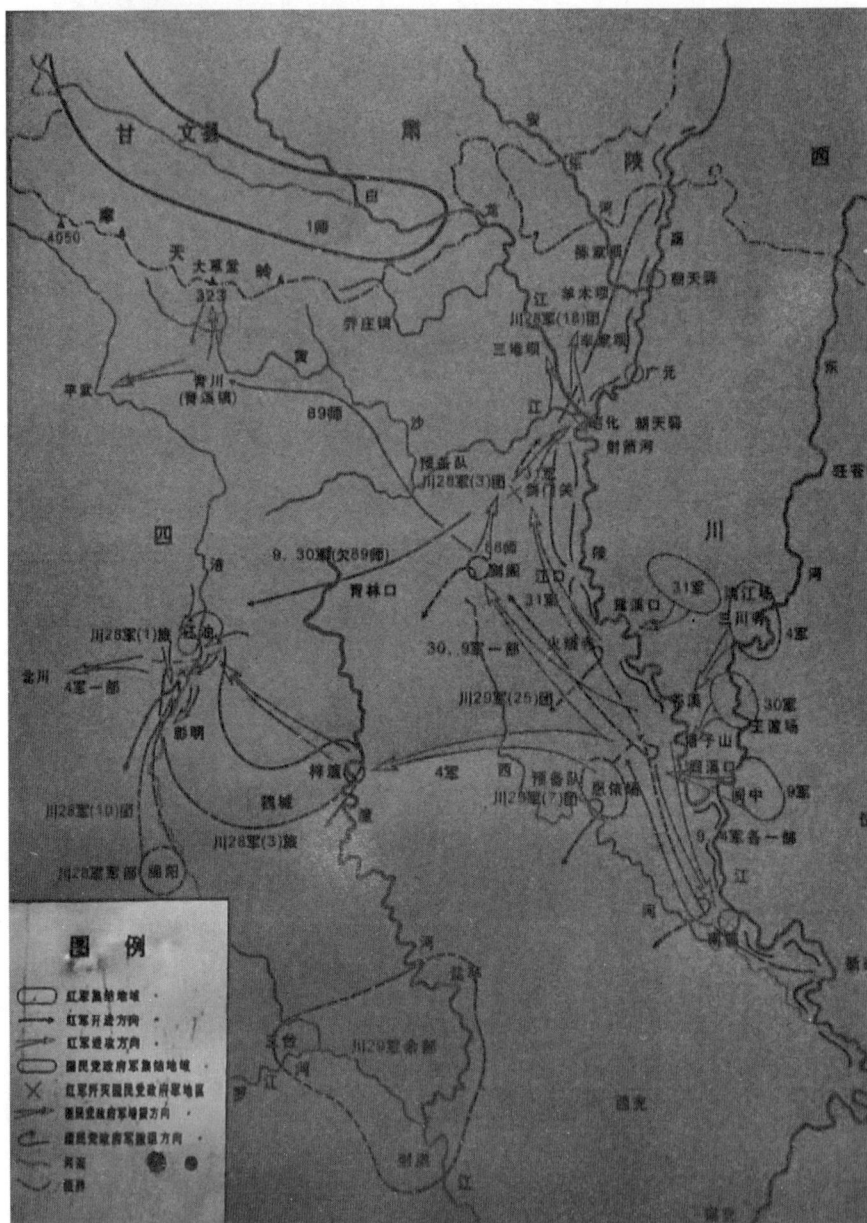

嘉陵江战役要图（1935年3月28日—4月21日）

第一章　百年古寺红旗飘

第一节　龙隐传说美名扬

　　龙隐寺，位于四川省苍溪县五龙镇龙隐村三组南边的山峰上，是秦巴山麓分支的山脉。山脉似一条苍翠巨龙，从北向南蜿蜒奔向滚滚嘉陵江，临到江边，戛然停步，略有所思，蓦然回首。山脉西南方有一座独特山峰——盘龙包，峰顶海拔968米，龙头仰望东方，酷似期盼、等待着它的兄弟姊妹一同奔向大海。据说远古时期，每当干旱季节，当地民众在盘龙山下求雨，龙就会布云播雨，解除干旱，周围群众感念龙的好处，就在盘龙山东北面修建了一座寺庙，取名为金龙寺。寺庙山门外有一块硕大的石碑，记载着寺庙始建、再建的历史和周边族人捐资的功德。龙隐古寺，始建于南宋中期（可能为公元1153年）。始建时规模较小，仅是一个不足两百平方米的独院小寺，名叫金龙寺。清康熙年间，居住在金龙寺周边的张姓、孙姓、曾姓、薛姓、王姓、周姓、韩姓、李姓、罗姓、赵姓等十大姓氏，为振寺庙雄风，募捐了大量财物对金龙寺进行了

龙隐寺复原图

大规模的修缮。重新整修后的寺庙，占地面积约3000平方米，建筑面积约2000平方米，命名"回龙寺"。

寺庙为三进四合大院，四周均用青石奠基，垒围墙丈余。寺院内全部青石板铺地，娘娘殿、文昌宫、罗汉堂、大雄宝殿，神像高逾丈八，观音莲台熠熠生辉，文昌菩萨高雅端庄，财神爷慈眉善眼，大肚和尚大肚能容，容天下难容之事，开口便笑，笑世间可笑之人。三进四合大院，院院相通，通道宽敞幽静，寺院山门柱上，妙联趣对，精雕细刻，光彩夺目。

山门前柱上刻有：

龙听经、马驮经、佛门占此地
隐阜锡、鹤飞锡、法界护苍生

正殿柱上刻有：

龙回隐峰传千古
名仕高僧共一寺

二殿柱上刻有：

绕寺千章，松苍竹翠
出门一笑，海阔天空

大殿柱上刻有：

龙从何处飞来？看九龙鹤龄，陵江前横，终当际会风云，回首不尝居此地
隐是伊谁偕汝？喜旁依苍山，眺望长仑，莫使奔腾湖河，幽栖聊为寄闲身

茶楼柱上刻有：

邻碧上层楼，疏帘卷雨，幽楹临风，乐与良朋数晨夕
送青仰灵岫，群山闻莺，闲楼故鹤，莫教佳日负春秋

古寺原坐东向西，山门外有一片空地，长 200 多米，宽 50 多米，是香客集散活动场所，相当于现在的广场。上寺庙来敬香的香客，要从山脚下的"道子坪"登 180 步石梯台阶上达山门广场，稍做歇息整理，方能进入寺内。

清嘉庆五年，居住在龙隐寺东面、北面的薛姓、李姓、曾姓、张姓、孙姓、王姓、周姓、韩姓等八姓氏，为改变寺庙风水，又一

次筹集资金，修缮扩建寺庙。在寺庙东北面，新修了戏楼、书院、米面推碾坊，扩建了钟鼓楼，新铸大钟，修缮了山门前的天井、广场、道路等附属设施。翻新围墙屋顶，新做了六条"二龙抢宝"的房脊梁，彩画了房檐屋梁。室内安装了木地板，房屋四角龙头高翘，安装了硕大的风铃，山门改朝东北方向，并将回龙寺更名为龙隐寺。

　　扩建翻新后的龙隐寺，雕梁画栋，殿堂四角风铃在微风中发出悦耳的鸣声，晨钟暮鼓，浑厚洪亮，高耸的房脊与朝霞辉映，熠熠生辉，更显寺庙庄严肃穆。龙隐寺新铸大钟，钟上铭文记载捐资人名号并注明铸钟时间是清嘉庆六年，大钟高八尺，钟口直径五尺。据说，铸钟即将成功时，薛姓绅士薛裕礼将随身佩戴的一枚白银戒指投入火炉中，大钟铸成后，在刻有薛裕礼名号之处结成了一个闪闪发光的白银点。1957年毁钟时，八个铁匠用打铁的大锤，花了一天时间，才将大钟一块一块打碎。带有白银点的碎片，被一个叫薛伦洲的人收藏，80岁以上老人都亲眼见过。20世纪80年代薛伦洲改建房屋时，碎片丢失了。龙隐寺大钟铭文记载，铸钟匠师名钟震祥。据说大钟铸成后，钟匠师辞行时告诫住持和工匠："此钟等我离开三天三夜后方可撞。"匠师离开龙隐寺一天一夜后，住持和工匠就犯嘀咕了："若匠师离行三天三夜，就不知走到何方去了，如若钟撞不响，我们何处去找匠师呢？"于是第二天清晨便命撞钟，这时，钟匠师恰走至嘉陵江西岸距龙隐寺72里的鹤龄寺山脚下二道坎第72步石坎上，听到第一声钟响，顿时跺脚叹道："可惜了！可惜了！本来钟声可以响得更远些，这下完了！"说来也怪，凡去过鹤龄寺的老人都说，在鹤龄寺二道坎第72步石坎下，能明显地听到龙隐寺的钟响，上一步就听不到了，浑厚洪亮的钟声，只响至方圆72里路。

　　龙隐寺鼎盛时期在清朝中后期。寺庙建筑占地面积3000多平方米，寺庙周围道子坪、碾盘岩、洞岩扁、青岩子湾等地的山坡、森林、耕地数十公顷均属寺庙所有，寺内僧侣道士十余人。寺庙周围古柏参天，特别是山门前数十棵千年古柏，直径均在一米开外，形若笔架凤冠，雄狮端坐。远处眺望，寺庙整体犹如一高昂的龙头傲视苍穹。

龙隐寺坐落于古时广元至阆中的驿道上，是巴蜀古道（剑阁至巴中）上的歇息地之一。从广元出发，过施店驿，走清风店，经龙隐寺，至槐树驿到阆中；从剑阁出发走鹤龄，过龙隐寺，经三川石门至歧坪到巴中，龙隐寺是官道和巴蜀古道的交会地，正好是途中歇息的最佳位置。古时官员坐轿骑马、百姓徒步跋山涉水，途经龙隐寺时，都乐意在寺庙里歇息。

龙隐寺朝前面的广场，像巨大的船头，平展地伸向东方，显得格外宽敞大气。广场上搭有"车秋"（车秋，一种类似秋千的玩具，用三根粗木搭成脚架，支撑中间一根悬着的粗长木轴，在轴上绑一根粗木横梁，在横梁上分两组绑八副秋千，秋千上分别坐八人，两头用人推动，由慢到快在空中旋转，非常刺激），西边栽拴马桩，搭建有马厩。

相传，龙隐寺是周围十里八乡社会名流、仁人志士，儒道两家，商贾游客，知名人士经常聚会的场所。康熙年间本籍进士薛玉堂（号武兰），咸丰年间本籍举人孙逢吉（号远侯）以及周围十大姓氏中许多文人、官吏、富商、社会贤达都曾经常到龙隐寺聚会。文人相聚，清茶一杯，开怀畅谈，引经据典，谈古论今，文化交流，吟诗作赋，一吐情怀；官吏相聚，交谈为官之道、风土人情、官场势利；商贾相聚，交谈为商之道，互通有无，共商市价；贤达相聚，绅士风度，一身正气，施布功德，与人为善。一时间，龙隐寺车水马龙，香火十分旺盛。

龙隐寺每年春节都要举办庙会，庙会由十大姓氏轮流坐庄，数十里外的香客、游商、平民百姓，有的坐轿，有的坐滑竿，有的骑马，有的步行，携老扶幼，情侣相随，纷纷赶往龙隐寺参与庙会。年年庙会时节，车水马龙、人流如织，寺内香蜡纸烛灯火昼夜通明，鞭炮声此起彼伏。庙会期间，庄家办三天宴席，十大碗的宴席十分丰盛，大坨炸酥肉、大坨炸豆腐，斤把的大方块猪肉吃得人们满嘴流油。住持请来戏班，在寺内连唱七天大戏，顿时寺内茶侍、酒保来回穿梭，添茶上酒，卖麻糖的、卖火烧馍的、卖落花生的、卖苞谷花的、卖白糖卷的吆喝声不绝于耳。汤圆、醪糟、凉粉、油茶、油勺、麻花、酥果子等小吃，芳香四溢。卖针头线脑的货郎，背着背篮子，摇着拨浪鼓四下兜售，算命先生拉着胡琴为人看相算命。广场上打车秋、耍把戏的笑声不断；寺内喝茶饮酒的，猜拳行令的，吆喝声不断；戏楼锣鼓声铿锵悦耳，喝彩声不断。不少香客夜宿寺院，白天看戏，夜间喝茶饮酒，推牌九。庙会七天人声鼎沸，热闹非常。

第二节　红军进驻龙隐寺

1933年9月，中国工农红军在龙隐寺成立"苍溪县三川区第九乡（龙隐寺乡）苏维埃政府"，下辖五个村苏维埃（龙隐村、杨柳村、龙岩村、玄都村、韩家沟村），乡苏维埃政府办公地点设在龙隐寺庙。

1933年中国工农红军进驻苍溪县，在五龙乡的五龙场、灯照村的罗家嘴建立了苏维埃政府，在龙隐寺建立了三川区第九乡苏维埃政府，数百年古刹龙隐寺转瞬成了革命圣地，晨钟暮鼓的诵经堂成了红旗猎猎的练兵场，从建立苏维埃红色政权到红军强渡嘉陵江战略转移的两年多时间内，红军在龙隐寺领导民众开展革命斗争，推翻旧世界，建立新政权，留下了龙隐苏区民众配合红军强渡嘉陵江英勇奋斗、不怕牺牲的革命火种。

1934年10月至1935年3月红军强渡嘉陵江时，红31军清障先遣部队临时指挥部也设在龙隐寺庙。

1935年3月起，红军强渡嘉陵江，三过雪山草地，长征北上抗日撤出龙隐寺，国民党反动派和地方恶霸趁机疯狂反扑，苏维埃政府时期的革命者和进步人士、红军家属等惨遭迫害和屠杀。革命势力遭剿灭，乡苏维埃政府驻地龙隐寺惨遭洗劫，寺内设施破坏殆尽，寺外古柏砍伐一空（只留下山门外三棵古柏，"文化大革命"时又被砍伐两棵，现只留一棵）。当时的龙隐寺周围乌烟瘴气，人心惶惶，加之灾荒连年，饥殍遍野，民不聊生，古寺变成了冷坛荒庙。

1933年至1935年5月间，龙隐寺乡苏维埃政府经常组织召开村苏维埃干部、革命积极分子会议，认真贯彻执行中国共产党的路线、方针、政策，组建游击队、童子团、妇救会积极投身革命，反抗国民党反动统治和压迫，谋求劳苦大众翻身做主的革命道路，组织广大青年积极参加红军。在乡苏维埃政府主持下，游击队员定时或不定时地聚集在龙隐寺外的操场上，喊着铿锵口令、踏着坚实步伐，摸爬滚打、擒拿格斗，苦练杀敌本领；童子团儿童成群结队活跃在龙隐寺，高唱着儿童团歌："我们童子团，放哨与戒严。穷人要翻身，富人心不甘。有些坏家伙，跑来搞偷探。企图报消息，破坏我政权。保卫苏维埃，我们不偷闲。站岗又放哨，盘查要从严。就是亲父母，无票不过关。日期要看好，姓名与票全。看清条和印，谨防受蒙骗。若遇敌密探，送到政府前。如若他不去，与他巧周旋。通知游击队，武装押敌顽。莫爱他人物，莫贪他人钱。站岗要警惕，革命意志坚。参加识字班，积极走在前。老师教识字，我们跟着念。学习好文化，革命有本钱……"苏维埃政府组建妇救会，苏区广大妇女久旱逢甘霖，她们冲破封建牢笼，与男子并肩迈步，积极投身革命；她们组成缝衣队、运输队、担架队、宣传队；她们白天在田间坚持劳作，夜间在家飞针走线，为红军缝补衣服、做军鞋，有空就聚集在龙隐寺，教唱红军歌曲。当年她们唱的《十把扇儿送红军》——

一把扇儿嘛连连，送红军来嘛留留，

龙隐寺来嘛连连留，建政权啰留留连；

二把扇儿嘛连连，送情哥来嘛留留，

当红军来嘛连连留，大步走啰留留连；

三把扇儿嘛连连，送郎君来嘛留留，

上前线来连连留，杀敌人啰留留连……

——清脆悦耳的歌声久久回荡在龙隐寺的上空，极大地激发了当地劳苦大众的革命热情。苏维埃政府、中国工农红军严厉打击了国民党反动势力，并严惩了当地恶霸。特别是 1934 年 9 月至 1935 年 5 月，红军西渡嘉陵江北上，大部队来到龙隐寺乡苏区，龙隐寺是红军先遣部队指挥所，龙隐寺周边的山林、岩洞是红军的屯兵之地，龙隐寺东边的"碾盘岩"是游击队和红军的练兵场。一时间，龙隐寺沸腾了：红军战士、游击队员消灭江防之敌枪声不断，为筹备渡江物资忙个不停；苏区男女老少不分白天黑夜，忙着为红军打草鞋、编雨帽、扎棕衫、做军鞋、准备干粮；前来龙隐寺苏区集结的红军大部队川流不息，踊跃报名参加红军的苏区男女青年络绎不绝；练兵场传出阵阵吼杀声；宣传队、妇救会、童子团歌声飞扬，好一派热气腾腾的革命景象。此时的龙隐寺是龙隐寺乡苏区的中心，可谓雄风大展，名留千古。

1942 年，中国共产党地下党组织在龙隐寺秘密办起了"列宁革命小学"，第一届学生由中共地下党员傅本熙（四川西充人）任教，后继由张鲍庚、李顺德、李汉孺（名坤德）、周绍峰等任教，1947 年小学拆迁至铧厂沟张寿成家（龙隐六组）。

1949 年冬苍溪解放，苍溪县人民政府征用了龙隐寺庙。

1952 年至 1964 年，苍溪县人民政府将龙隐寺作为国有粮站，征收五龙、鸳溪、浙水等乡镇上交的公粮，并进行粗加工。寺庙内设粮仓和加工坊，安装了人工石磨和五台大擂子（旧时用于加工稻谷成米的一种农具，用青杠木板镶成磨齿

擂　子

形状，周围用篾绳箍牢固，上方是一个大窝斗倒入谷物，一根抓手式长把手，一头安在擂子上，一头安一根横木把手，把手用绳子吊在楼扶上，一人或两人用力来回推拉），粮站工人十多人，每天将稻谷擂成大米，麦子推成面粉送至县城和各场镇，供应工商户口粮。

1965 年至 1966 年，行政区划变更后，各乡都建有统一粮站征收公粮，政府将龙隐寺粮站拆迁至五龙场道子坪，成立了五龙区粮站，古寺成为一座空庙。

1967 年至 1970 年，五龙区革委会批准拆除龙隐寺，由五龙区粮站、五龙区生猪站拆除后添建两站的生产用房。

1970 年拆寺时留有后殿两间房，1972 年破"四旧"时彻底拆除，至此，寺庙成为一片空地。岁月沧桑，几经变化，现已成为一座荒山，古寺荡然无存，昔日繁华热闹的古寺烟消云散，成为往事。

第三节　百年龙隐逢新生

　　龙隐苏区是川陕革命根据地的一部分；是 1935 年 2 月至 4 月底红四方面军强渡嘉陵江的前沿阵地和屯兵练兵的前方战场，是红四方面军长征出发地之一；是 1933 年初红军成立的川陕省嘉陵县三川区第九乡苏维埃政府所在地，1933 年 9 月，川陕省苍溪县苏维埃政府正式建立后，三川区苏维埃政府包括第九乡（龙隐寺乡）苏维埃政府划归苍溪县苏维埃政府管辖。

　　川陕省苏维埃成立于 1933 年 2 月，《川陕省苏维埃组织法》指出：川陕省苏维埃，是川陕工农兵的代表会议。这一政权，属于全川陕工人、农民、红军士兵及一切劳苦群众。在中国共产党川陕省委领导下，坚决执行中华苏维埃中央政府颁布的一切法令和指示，保护工农劳苦群众利益，彻底推翻帝国主义、国民党、地主豪绅、资产阶级的统治，扩大革命战争，争取苏维埃政权在川陕的首先胜利，直到全中国的胜利。在《中国共产党第六次代表大会的决议案》中，关于"苏维埃与革命委员会"有这样的规定："正式的代表会议（苏维埃）未组织以前，最初的组织形式是临时的，即革命委员会。""这临时革命委员会都是各级政治部、处及连队流动宣传

龙隐寺乡苏区政府遗址碑

队帮助发动群众建立起来的（特别是 1932 年冬和 1933 年春），但也有少数地区是群众起来组织苏维埃政权。"

20 世纪 30 年代，中国大地狼烟四起，蒋介石背叛革命，疯狂屠杀中国共产党人，围剿红军，龙隐寺周边百姓与全国劳苦大众一样，深受国民党反动派和地方军阀的残酷压榨，土豪恶霸变本加厉欺压剥削劳动人民，贫穷的龙隐山区百姓苦不堪言。第二次国内革命战争时期，在鄂豫皖革命根据地的红四方面军因第四次反"围剿"失败，被迫实施向西战略转移，1932 年 12 月 7 日，红四方面军到达陕西秦岭南麓的小河口，摆脱了敌人的围追堵截，同月 17日，红四方面军开始翻越大巴山，由陕入川。红四方面军入川一个多月，就迅速歼灭了四川军阀田颂尧二十九军的 3 个团，击溃 8 个团，解放了通江、南江、巴中等三个县，建立了川陕革命根据地。从 1933 年 1 月至 1934 年 11 月，红四方面军历时近两年，英勇转战，开辟和发展了川陕革命根据地，解放了旺苍、苍溪、广元县的大部分地区，先后建立了苍溪、广元、嘉陵、英安、红坪、赤化、普安、金仙、赤化（剑阁县火烧寺）等 10 个县苏、55 个区苏、295个乡苏、1393 个村苏。（龙隐寺乡苏 1933 初建时为龙隐寺乡革命委员会，属嘉陵县三川区苏管辖。）

1933 年 6 月 15 日，红军进入苍溪，解放了苍溪县包括龙隐寺在内的大部分地区，建立了革命根据地，龙隐寺周边大部分区域都是红军川陕革命根据地的组成部分。

1933 年 9 月 5 日至 8 日，是苍溪县工农兵代表大会召开的日子，标志着川陕省苍溪县苏维埃政府正式成立。

1933 年 9 月，红军在苍溪县北部成立了三川区苏维埃政府，地址位于三川场，苏维埃政府主席由史宗孝担任，后来由邓元炳担任。下辖九个乡苏维埃政府。第九乡苏维埃政府设立在龙隐寺。

龙隐寺，地处大巴山脉西南边、嘉陵江中上游东岸，苍溪县城北面，距苍溪县城 23 公里，山高林密，气候宜人，物产丰富，交通梗塞，是西渡嘉陵江最后一道有战略意义的天然屏障。因此历史上就是封建统治者控制最严的地方之一。红军入川前，大地主、大军阀侵吞辛亥革命的成果，在四川境内，"诸侯"蜂起，连年混战。蒋介石的中央政府和中央军鞭长莫及，只得暂时睁一只眼闭一只眼，容忍所谓"川人治川"和军阀割据的现状。全省分别为刘文辉、刘湘、田颂尧、邓锡侯、杨森、李家钰、罗泽州、刘存厚等军阀分割控制。1932 年 10 月，一心想当"四川王"的刘湘，同刘文辉展开争夺成都的大混战，全省大小军阀多被卷入。12 月间，"二刘之战"再次爆发。以川北包括嘉陵江中上游两岸为大本营的第二十九军军长田颂尧站在刘湘一边，倾其主力 30 个团西出成都参战，后方仅有十余团防守。为红军进军川北提供了有利条件。

川北人民在田颂尧的残酷统治下长期挣扎在饥寒交迫、水深火热的环境中。军阀混战，疯狂地搜刮民财，给老百姓带来了无穷无尽的灾难。正如一首民谣倾诉的："军阀梳子梳，豪绅篦子篦，甲长牌头刀子剃，收款委员来剥皮。"军阀加在人民头上的苛捐杂税，名目繁多，仅田赋税一项，就已收到五六年之后了。贩卖鸦片烟，是四川军阀的生财之道，川北一带，尤其是嘉陵江沿岸又适宜种植罂粟。田颂尧命令农民将大片良田变为烟田，当时，龙隐寺山脚下的大片田地都种植有罂粟。川北成了兵匪为患、烟毒遍地、民不聊生的人间地狱。群众曾奋起抗捐抗税，闹公堂，吃"大户"，盼"红军"。红军入川后，当地中共党组织和人民群众积极配合红军，利用四川军阀相互争夺地盘的混战之机，开展土地革命斗争，建立革命根据地，组建苏维埃红色政权。红军和当地党组织根据龙隐寺区域战略位置，以及长期受国民党反动派、军阀、土匪、土豪劣绅、流氓地痞压迫剥削，劳苦群众激烈反抗反动统治阶级，革命热情十分高涨，群众基础好的现实，决定在五龙乡部分、鸳溪乡部分临近龙隐寺的区域和浙水乡全境建立"苍溪县三川区第九乡苏维埃政府"，下辖五个村苏维埃。

龙隐村苏辖现在五龙镇的龙隐村、清风村、平安村、新梁村部分地域。

杨柳村苏又叫丁家沟村苏，辖现在浙水乡的杨柳村、小浙村、大湾村、平江村等地。

龙岩村苏辖现在鸳溪镇的龙岩村、七宝村、学堂村等地。

三台村苏又叫韩家沟村苏，辖现在浙水乡的红旗村、三台村、水文村，鸳溪镇的炎灯村、弓岭村等地。

玄都村苏辖现在浙水乡的玄都村、花庙村、四包村、寨子村、梁山村、茶店乡的大洋村等地。

1933年9月，龙隐寺乡苏维埃政府成立时，组成人员如下：

主席：牟永顺，五龙镇青凤村二组人。

副主席：李毓秀，浙水乡花庙村人。

游击队长：梁从善，浙水乡花庙村人。

征粮委员：孙远宗，五龙镇龙隐村人。

文书：刘春恩，浙水乡杨柳村人。

表1　第九乡（龙隐寺乡）苏维埃及下辖5个村苏维埃负责人名单

名称	主席	副主席	游击队长	征粮委员	文书
龙隐村	李毓秀	李秀福	薛玉申	张德成	曾元红
杨柳村	李秀钢	李秀钦	李贞德	李秀锋	刘湛恩
龙岩村	杨长贵	李秀寿	牟国武	王芝银	牟绍荣
三台村	韩学荣	罗万顺	李万生	韩德林	刘万生
玄都村	杨瑞生	伏从会	张明星	张德成	文金财

第四节　红军是咱大救星

1933 年，红军到来之前，国民党反动派、地主恶霸、地方"民团"一方面残酷压榨劳苦大众，一方面大肆造谣、污蔑中国共产党和中国工农红军，"赤匪""乌老二"，要"共产共妻"，要"没收土地、要开杀戒"。同时，国民党反动民团，还冒充红军到老百姓家抢劫财物，欺骗恐吓百姓，一时间，龙隐寺周围阴云密布、人心惶惶。中国工农红军到来，建立起苏维埃政权，大力宣传中国共产党是为了劳苦大众翻身做主、为人民谋幸福的政党，中国工农红军是为推翻反动统治、为劳苦大众打天下的军队。苏维埃政府工作人员和红军先遣部队工作人员，秋毫无犯地深入到广大劳苦大众之中，耐心宣传中国共产党的路线、方针、政策，发动群众。长期饱受压榨的百姓，目睹了中国工农红军的行为，革命热情似星星之火，一发而燎原，苏区青壮年积极报名参加红军。当时的龙隐寺苏区，辖五个村苏维埃，人口约 2500 人，就有 260 多名青壮年参加了红军，组建了 180 多人的游击队，大多数的少年儿童都参加了童子团。组建了 40 多人的妇救会，苏区妇女为红军做鞋、补衣服，老人为红军打草鞋，龙隐寺苏区是川陕革命根据地的模范苏区，也是红军强渡嘉陵江鸳溪、石锣锅、小浙河渡口的前沿阵地和屯兵之处，在中国革命的历史上留下了许多可歌可泣却又鲜为人知的红军故事。

第五节　消灭恶霸平民愤

1933 年到 1935 年初"朝红军"（苏维埃政府成立和红军到来的年月，老百姓都称为"朝红军"），国民党反动派进行了疯狂反扑，反革命气焰十分嚣张。据中共苍溪县委党史研究编著的《血沃苍溪》记述，国民党残余部队和地方反动民团、恶霸，用乱棒打、枪杀、活埋等手段残害致死的龙隐苏区烈士共有数十人。五龙乡民团一班长肖益军自称，经他的手一次性就活埋红军 7 人。五龙乡民团头子程均平，白鹤乡贾家沟恶霸陶光炳，纠集地痞、恶棍，制造恐怖，残害百姓，他们与县大队勾结，仇视苏维埃政府、仇视红军，扬言要把红军斩尽杀绝，他们经常攻击住在龙隐寺、新店子的红军，潜入新店子杀害了红二十九团政治部招待处财粮主任李国文，在红棺材沟（龙隐寺脚下）以给红军运盐为借口杀害三川苏区从小浙河赶集返回的伍三通、伍三德、伍三彩等人，割掉了伍三树的耳朵。还有龙隐寺山下王家院子里的王炎（本名王绍洲），在四邻八乡欺男霸女、无恶不作。一时间，反革命气焰极其嚣张，激起了苏区百姓的极大愤怒，苏维埃政府多次抓捕未能得手。国民党特派员邵天清在龙隐寺周围欺男霸女，大肆造谣、污蔑共产党和红军，激起了极大民愤。一位已报名参加红军的苏维埃游击队队员，人称"孙麻子"（五龙镇新梁村七组人），义愤填膺，持刀杀死了恶贯满盈的邵天清。

浙水乡韩家沟的韩华林，横行霸道、无恶不作，抢劫、打、杀平民百姓，红军组织游击队追捕韩华林，搜深山、查暗道、蹲蛮洞、守深院，经过七天七夜，在地主恶霸李占奎在溜洞中将其击毙。二龙村地主恶霸李占奎，是当地霸道的土匪头子，家有持枪兄

弟伙二十多人，长期为害一方，鱼肉乡里。红军与村苏干部韩学荣带领游击队进行追剿，李占奎深夜乘船逃跑，游击队查抄了他家，搜缴了他家武器弹药，捣毁了他家兵工厂。

1934年9月，红军收复龙隐寺苏区失地，对反攻倒算的土豪劣绅进行了狠狠的打击和镇压。

第二章　红军精神传千古

第一节　红军战士纪律严

红军有铁的纪律。其具体内容就是逐渐发展形成的"三大纪律，八项注意"。首要一条是"一切行动听指挥"，打仗不听指挥，轻者批评，重者禁闭。路过家乡，回家探望得请假，不能私自行动。在执行群众纪律上，更加严格，真正做到"不拿穷人一针一线""对穷人态度要和蔼"，不调戏妇女，不准随便抓人，不抢东西，不烧房子。部队每到一个地方，吃派饭一律付钱，睡觉没稻草，要用钱去买；走的时候，得把房子收拾干净，上好门板。打土豪所得财物，没收土豪劣绅的金银财宝、绫罗绸缎、粮食用品一律归公，不准贪污，贪污要被枪毙。红军战士严格遵守红军纪律，留下了许多感人的故事。

龙隐村健在的老人韩秀林（生于 1928 年）就是一位见证者。据他讲述：1933 年农历九月的一天，红军约一个排的战士从外地进驻龙隐寺苏维埃政府驻地，行至五龙镇新梁村六组韩家碥时，不知什么人高喊"吃人的红魔军来了，快跑啊！"吓得韩家院子的老百姓四下逃避，躲进深山老林。"我的父亲韩宗直也同院子中其他人一样，叫上家人赶紧外逃。由于我们家人多，携老扶幼，走之不及，眼看红军到跟前，匆忙之下，把不满五岁的我丢在路边。年幼的我还不懂事，见被大人丢下，吓得号啕大哭，不敢动弹。几名红军战士赶紧上前抱起我，替我擦干眼泪，好声安抚我：'孩子不要怕，我们是红军是好人。'问清我家住址后，把我抱回了韩家院子，并叮嘱我：'不要乱跑，外面有狗，不安全哟。'红军战士把我安顿好后就走了。躲在密林中的父亲及家人，一直注视着路边的我，躲在山上的其他人也目睹了这一幕，逐渐壮着胆子回到自己家中。红军四处查看秋毫不犯，不是反动派造谣污蔑的'红军是要吃人，要抢东西的魔鬼'，反而和蔼可亲，乡亲们逐渐靠近红军战士。红军用和蔼可亲的实际行动，有力地破除了国民党反动的谣言。后来父亲与红军交上了朋友，并参加了红军活动。"

80多岁的孙泽海、孙永州讲述：1933年农历八月的一个傍晚，院子里都冒着炊烟做晚饭了，有个孩子发现几个背着大刀和枪的红军进了院子，高声喊道："又有背枪的来了！"院子里的人都紧张起来，人们全部藏在屋里，不敢出来，一个红军战士便说道："小弟弟别害怕，我们是红军，不是国民党。"

"你们是红军？听说龙隐寺来了红军，你们是吗？"

"正是。我们红军是天下穷苦人民的军队，是专为穷人打地主恶霸，为穷人做主的军队。"

红军边说边拉着他的手问道："你们院子里的人呢？"

"前些时间有几个当兵的也背着枪，抢走了我们院子里的两头猪，还有几只鸡，还用枪托打人，人们看到背枪的人感到害怕，所以躲起来了。"

藏在屋里的孙远宗听说是红军，便从屋里出来问道："你们是红军，是真的吗？听说龙隐寺来了红军，是为穷人做主的军队，我想去找他们。"院子里的人看到这几个红军不像国民党兵那样行凶抢劫，都从屋里出来了。孙远宗叫红军战士到屋里坐，院子的人都来看热闹，红军战士给他们讲共产党和红军的政策。正讲着，两个妇女端着米饭叫红军战士吃，可是红军战士都摆手说："老百姓也很困难，我们不能吃你们的饭，更不能拿你们的东西，这是红军铁的纪律。"在人们的劝说下几位红军才吃了老百姓端来的米饭，饭后给院子里的人讲红军为啥要革命的道理，发动他们投入红军队伍中来，并说帮红军也就是帮自己。

第二天早晨，孙远宗、牟绍武、孙邦国、孙泽钦、孙邦财等七八名年轻人去龙隐寺报名参加了游击队，孙邦财参加了童子团。龙隐寺成立乡苏维埃时，孙远宗担任了乡苏维埃征粮委员。

第二节　宁住岩洞不扰民

龙隐寺山下薛家梁有一位名叫薛淮洲的老人，1933年，他正值青春，是苏维埃游击队的积极分子，目睹了许多红军的事迹，他健在时曾给孙子们讲了一个十分感人的红军故事：

1934年9月，红军进驻龙隐寺苏区，除少数红军工作队队员住进龙隐寺庙里外，其余红军战士都分别住在龙隐寺周围的山洞和石岩里，餐风饮露，条件十分艰苦。1934年冬天，住在薛家梁（薛家院子前苏皇包东边利苍古道下）山那边石岩（山那边石岩约10米长、3米宽，两边垒石支撑，岩内干燥，避风向阳，20世纪80年代扩修通往鸳溪、浙水公路时被彻底损毁，损毁时发现岩壁上留有"中国工农红军万岁"的字迹）里的红军战士，没有棉衣、棉被。那年冬天十分寒冷，我（薛淮洲）父亲薛银先是一位很有同情心的中医，专治民间疑难杂症，遇到病人行动不便，他就亲自上门医治，有时还不收取医药费，遇到危重病人，他都要几天几夜守候在病人家中为其医治。他为阆中（保宁府）府尹家眷治愈疾病后，保宁府尹授予"术发岐黄"大匾从而闻名十里八乡。他看到寒冷的冬天红军战士住在石岩里，很是心疼，便叫红军战士到我家堂屋住。我家只有三间矮小的茅草房。但是红军战士婉言拒绝了："老先生，你们住得也不宽敞，我们部队有规定，不得进住老百姓家，打扰老百姓。"硬是没来我家住。我父亲对红军的行为很是敬佩，便从家里找来一床"片襟子草荐"（一种用碎布条加上棕绳、蓑草编制成的能防寒的被盖）和两件棕衫给红军战士送去，有时还熬些姜汤送给红军战士御寒。

红军战士住石岩不扰民的行为，深深地感动了周边的老百姓。

第三节　不拿群众一针线

薛淮洲老人健在时还讲述过一件非常感人的事：1934年冬天，薛家梁院子里的薛清洲家，在薛家院子前的大路边堆了一堆柴火，不知是人为破坏还是自然垮塌，堆放的柴火撒了一大片。住在薛家梁山那边石岩里的两名红军战士上山捡柴做饭，发现堆码的柴火撒得到处都是，无人收捡，便动手将散落的柴火收拾到一起，重新堆成一堆，然后自己空手上山捡柴火去了。当晚红军战士做饭时，因为他们捡回来的柴火很湿，点不着，便到薛家院子去取火。薛清洲的妻子杨菊林看到红军战士不曾拿自家一根干柴，而到山上捡了湿柴火，很是感动，便到自家柴房抱了一捆干柴，拿着火柴头（烧燃的木棒）送到山那边石岩里，帮助红军战士生火煮饭。

据老一辈人讲，当年红军来到龙隐寺苏区，没有住进老百姓的房子、没有吃老百姓一碗饭，没有拿过老百姓一针一线，没有到老百姓菜地里摘一棵青菜、一个瓜果，没有向老百姓要一粒粮食、一滴油。苏区老百姓十分信任和拥护红军，主动给红军送油、盐、柴、米和蔬菜，红军战士都要付给老百姓钱。红军秋毫不犯，深得老百姓的信任和拥护。

第四节　帮助农民搞生产

1933年9月龙隐寺乡苏维埃政府成立，红军工作队进驻龙隐寺，为宣传中国共产党和苏维埃政府的路线、方针和政策，组织发动群众闹革命，便经常深入苏区农户，一边帮助农民种庄稼，一边大力宣传中国工农红军的政治主张，发动青壮年男女参加红军。

龙隐寺道士薛民中（原名薛泽中），是龙隐寺山下薛家梁人，家境贫寒，父亲早逝，留下母亲和兄弟姊妹五人，生活十分困难。作为长子的薛民中，十三岁时出家到龙隐寺当了道士，道号"鸣钟"，用化缘、乞讨的部分食物供养全家。苏维埃政府工作人员和红军先遣队工作人员进入寺院后，发现寺院后边一块空地还未耕种，当时，快要错过农时了，问原因，薛民中说无劳力、无种子。工作人员借来几把锄头，用自己带的口粮作为种子，把一亩地种上了小麦。薛民中后来回忆说，红军和蔼可亲，不曾动寺内一草一木，他们打扫内外卫生、整理寺院，还帮助寺院种菜种粮食，很是可敬。寺内和尚主动给苏维埃政府工作人员腾出房间，提供生活用品，把藏匿的粮食拿出来给红军吃。

薛民中不识字，但天资聪慧，记性很好，口齿伶俐，龙隐寺内有一小学，他常去偷听老师讲课，认识了一些字。红军来后，他以"化缘"为借口，到乡下走家串户，以大量的事例，宣传红军为群众做的好事，讲红军是为了解放受苦受难的老百姓，让劳苦大众翻身做主人等革命道理，鼓舞劳苦大众的革命热情。他用亲身经历，让不了解红军的群众知道，红军是穷人的队伍，要积极帮助红军。

龙隐寺山下薛家梁中间窝（小地名），住着薛玉民一家人，家境贫寒，1933年遇大天灾，时过秋种季节，薛玉民家仅有的一块地因为无牛还未耕种。住在龙隐寺内的苏维埃政府工作人员和红军战士，便来到他家，用了整整一天时间，用锄头帮助他家将地翻挖并种上了小麦。耕种间隙，召集来周边几户人家讲述"红军是劳苦大众自己的军队，是为了解放广大受苦受难的老百姓，让广大劳苦大众翻身做主人……"的革命道理。薛玉民小时候也曾读过两年书，且聪明好学，记性很好，只要看过或听过的书本故事，他都能绘声绘色地讲述给别人听。当他看到红军战士可亲可敬的行为和听了革命道理的宣传，深受感动，编了一首顺口溜："盘古开天到而今，兵匪一样害穷人，当今来了好红军，才是穷人大救星，打土豪惩匪兵，号召穷人闹翻身，掌握政权当主人，青年人当红军，为咱穷人闹革命……"

类似红军深入农户边帮助搞生产边宣传的事很多，苏区周围大的院落和人家，苏维埃政府工作人员和红军几乎都去过，有力地宣传了中国共产党和苏维埃政府的路线、方针、政策，发动了苏区大部分青年人参加红军和游击队。

第五节　打倒土豪分浮财

苏维埃政府在建设革命根据地巩固政权中一项重要工作，就是组织人民群众打土豪，分田地。土地改革敲响了几千年封建土地所有制的丧钟，铲除了地主阶级的剥削基础，使农业生产从封建剥削关系束缚下解放出来。广大穷苦农民无偿分到了土地，摆脱了繁重的地租、雇工和高利贷剥削，生产积极性空前高涨，促进了农业生产的发展，又为军事斗争提供了雄厚的物质基础，为红军不断壮大，为苏区的巩固和发展创造了条件。

据中共苍溪县委党史研究室编著的《血沃苍溪》记述，苍溪县第十区三川寺土地革命前各阶级土地占有情况如下：

地主 1089 户，占总户数 6.8%，占有土地 161001 亩，占全部土地 67%；富农 1282 户，占总户数 8%，占有土地 36045 亩，占全部土地 15%；中农 945 户，占总户数 5.9%，占有土地 19224 亩，占全部土地 8%；贫农 7866 户，占总户数 49.1%，占有土地 24030 亩，占全部土地 10%；雇农 3076 户，占总户数 19.2%，无土地；小商人 1362 户，占总户数 8.5%，无土地；失业者 400 户，占总户数 2.5%，无土地。

全区总共 16020 户，地主和富农只有 3371 户，占总户数 14.8%，却占有土地 197046 亩，占全部土地 82%。

龙隐寺山脚下大地主王绍禹、王炎兄弟，在五龙镇的新梁村和龙隐村占有大片土地、山林，有 4 套庄子，有长年伙计（雇工）7 户；浙水乡李家坪大地主李占奎，在浙水乡境内占有土地 300 多亩，有 8 套庄子，每套庄子占地 30 多亩，所有土地全是佃户耕种。在封建统治时期，为数不多的地主手中集中了大量土地，成为他们长期压迫农民的资本。广大农民没有土地，只有出卖劳动力当雇工或租佃地主的土地耕种。地租、雇工、高利贷盘剥，加之天灾人祸，瘟疫蔓延，稍有不测，许多农民就只有忍痛将自己的小块土地出卖，另租土地耕种，或被迫失业，流落他乡，乞讨度日。当时有一首民谣："农民头上两把刀，租税重，利息高；农民面前三条路，逃荒、上吊、坐监牢。"

苏维埃政府成立后，进行土地革命，是一项基本任务。龙隐寺乡苏维埃政府认真贯彻执行土地革命政策：

一、宣传土地革命政策

1933 年 2 月，中共川陕省第一次党员代表大会做出决定：充分发动群众，广泛开展土地革命的斗争。根据中华苏维埃共和国土地法的精神，立即开展土地革命政策法令宣传。主要宣传《川陕省苏维埃政府关于土地改革的布告》和红四方面军总部印发的《怎样分配土地》等文件，并派工作队在建党建政的同时，广泛实行土地革命，号召劳苦大众立即行动起来，进行土地革命，砸碎封建枷锁。

"打倒土豪劣绅！""平分土地！""废除一切高利贷债务和地主契约！""取消一切苛捐杂税！"等口号，对农民有极大的吸引力和号召力。因此，苏维埃政府与红军用简易宣传方式宣传土地革命，并坚持把武装斗争、根据地建设和土地革命紧密结合起来。

二、宣传划分农村阶级成分政策

划分阶级成分是进行土地革命的重要一环。在土地革命中，党在农村的阶级路线是："依靠贫雇农，联合中农，限制富农，保护中、小工商业，消灭地主阶级。"为了让广大群众都能记住划分农村阶级成分的标准，中共川陕省委宣传部编印了《农村阶级成分五言歌》：

"空着两只手，什么也没有，替人做活路，才能糊上口。"这是农村中的无产阶级（雇农）。

"自己有点田，不够吃和穿，帮工卖力气，生活很困难。"这是半无产阶级（贫农）。

"他不剥削人，人不剥削他，他受谁压迫，豪绅和军阀。"这是中农。

"自己种有田，还有田出租，既放高利贷，又请长活路。"这是富农。

"田地非常多，自己不耕作，收租又放贷，全靠剥削活；身份比人高，政权在手握，压迫工农们，巧取又豪夺。"这就是豪绅地主。

龙隐寺乡苏维埃政府按上述标准将阶级成分划分以后，立即张榜公布，并召开群众大会，征求意见，通过定案，造册上报。

三、打土豪分浮财

阶级成分确定后，苏维埃政府与红军，对土豪劣绅进行了严厉打击。对罪大恶极的土豪劣绅，予以坚决镇压。浙水乡李家坪的李占奎，不仅是当地的大土豪，而且是土匪头子，自家设有兵工厂，制造枪支弹药，长期为害一方，鱼肉乡里，无恶不作。红军来到苏区，对其进行武装追缴，捣毁了他家的兵工厂，缴获了他家的武器弹药，查抄了他家大量粮食和物资。浙水乡韩家沟大地主韩华林，作恶多端，被苏维埃游击队坚决镇压。五龙乡龙隐寺山下（新梁村七组）恶霸地主王绍禹、王炎，占有大量土地和雇工，不劳而获，长期放高利贷盘剥穷人；龙隐寺（今五龙镇龙隐村）大地主曾大炳、陈绍荣，囤积大量粮食物资放高利贷。苏区内，类似土豪劣绅，苏维埃政府和红军都给予坚决打击。据老一辈人讲，1933年，红军来到龙隐寺后，镇压土匪、恶霸，查抄、收缴了土豪劣绅的大量粮食、物资分给了穷人，当时叫"分浮财"。

红军对土豪劣绅的严厉打击和坚决镇压，震慑了作恶多端的土豪劣绅。王绍禹、王炎听说红军要镇压他，仓皇潜逃到保宁（阆中）国民党保安团乞求庇护；李占奎等钻入深山，销声匿迹；一些土豪劣绅纷纷逃往嘉陵江以西，伺机反扑。1934年6月至9月，红军收缩阵地撤出龙隐寺时，这些土豪劣绅趁机疯狂反扑，屠杀苏区干部和无辜群众。1934年9月底，红军收复失地回到龙隐寺苏区，再一次严惩了这些土豪劣绅。龙隐村大地主曾大炳，1933年逃往河西，是年冬天红军收紧阵地撤离龙隐寺，他回乡反攻倒算，残害群众；1934年9月底，红军收复失地，曾大炳在又一次逃亡中被游击队抓捕镇压。

红军对于民愤不大，自愿老实交出隐匿财物，向农民悔过的地主，则以开明绅士对待，给予自新出路。豪绅地主的浮财，按照政策规定统一没收，集中保管在乡苏维埃政府，红军代表和苏维埃干部统一进行分配。规定统一分配的原则是：凡禁用品如鸦片全部上缴，军需物资如武器弹药、金、银、布匹和部分粮食以及医药、煤油、电池等交红军机关分配；土地、房屋和生产、生活资料全部分配给贫苦农民。少量细软衣被，分配给贫苦的老人和红军家属。穷苦农民无论多少，分配人人有份。分粮一次少则50斤，多则100斤。在分浮财上，经手财物保管与分配的工作人员，无论是红军代表还是苏维埃干部，都严禁私人贪污挪用，违者严惩。

通过打土豪、分浮财的斗争，土豪地主威风扫地，贫苦农民的阶级觉悟、革命热情大大提高，为扩大红军、分配土地准备了条件。

在1933年7月至1934年2月，龙隐寺乡苏维埃打土豪、分田地的宣传工作开展得如火如荼，广大穷苦农民空前喜悦，许多男女青壮年参加了红军，革命热情十分高涨。1934年6月至9月，红军反"六路围攻"收紧阵地撤出龙隐寺苏区，国民党反动派、土豪劣绅趁机反扑，反攻倒算，土地革命受阻。1934年9月，红军反"六路围攻"取得彻底胜利，追击国民党残兵，收复了苍溪县（包括龙隐寺苏区）嘉陵江以东的全部失地。红军收复龙隐寺苏区后，1934年10月初至1935年3月底，龙隐寺乡苏维埃政府、广大人民群众和红军忙于清剿国民党残敌、镇压反攻倒算的土豪劣绅、筹集渡江物资、训练战士渡江技术，准备渡江，因此打土豪、分田地的工作未能进行。

第三章 参加红军求解放

第一节 踊跃参军立战功

1933 年至 1935 年，在中国共产党和苏维埃政府的大力宣传和动员下，不足 2500 人的龙隐寺（第九乡）苏区，就有 260 名青年男女参加了中国工农红军，父送子、妻送夫、兄送弟、弟送兄、兄弟共同参加红军的情景至今令人难以忘怀。龙隐寺乡苏维埃副主席李毓秀是龙隐寺小学的教员，拥护共产党、积极参与革命活动，他教的学生有许多人都参加了中国工农红军。1933 年红军来到苍溪后，他率先将自己的两个儿子——李成德、李祥德送去参加了红军。1934 年，柳树村的徐怀良和他的岳父文友德、内弟文克喜父子三人同时参加了红军，在龙隐寺苏区"尖山子战斗"后随红 31 军 279 团追敌到苍溪，在苍溪塔山湾渡江，一路征战至四川阿坝的松潘。在松潘战斗中，文友德、文克喜父子壮烈牺牲，徐怀良身负重伤埋在死人堆里昏迷一天一夜，从死人堆里爬出来，躲入老乡家养伤十多天后，想找大部队已不知去向，只好一路乞讨回到老家继续参加当地革命斗争。玄都村的陶伦传、陶明传、陶友传三兄弟同时参加了苏区游击队，同时报名参加了中国工农红军，陶伦传1934年被编入红四方面军31军279团任排长。抗日战争时期，在386旅772团任连指导员、特派员、团政委。解放战争时期，在13纵任团政委、18兵团61军783师政治部主任，中华人民共和国成立后任南充军分区政委，大校军衔。陶友传在塔子山渡江战斗时腿受重伤，后回本地参加了地下活动；陶明传参加红军后随红军长征，后与大多数参加红军人员一样，与家乡与亲人失去了联系，从此杳无音讯，也无资料收入红军录。到中华人民共和国成立时，龙隐寺苏区参加红军的260多人中幸存者只20多人。幸存者中，大多数人浴血奋战，九死一生，身负屡屡伤痕，甚至留下终身残疾，他们为中华人民共和国的成立立下了不朽功绩。

第二节　支援红军做贡献

据《血沃苍山》记载：1933年夏，红军进入苍溪前夕，国民党部队和地方官吏大刮民财，囤积居奇，把所有的粮食、油、肉都藏匿起来，弄得百姓十室九空，他们扬言要饿死"乌老二"，困死共产党和中国工农红军。1934年4月，红四方面军决定由川陕省苏维埃政府副主席余洪远负责后勤工作，与红四方面军总政治部副主任傅钟一道，率队筹集粮食和物资，各县、区、乡苏区政府认真执行川陕省苏维埃政府决定，组成"打粮队"查抄土豪劣绅的粮食、猪肉、衣物、金银首饰等财物，补助军需、救济百姓，收效极大。龙隐寺苏维埃政府在红军宣传部部长孟明益的带领下，由龙隐寺乡苏维埃政府征粮委员孙远宗（五龙镇龙隐村六组人）带领各村苏征粮委员，在龙隐寺苏区的曾家湾（五龙镇龙隐村二组）地主曾大炳家查抄出黄谷十余石，银圆 100 块，在地主陈绍荣家（五龙镇龙隐村三组）查抄出银圆 30 多块，在各村苏查抄出土豪劣绅的粮食约 30 多石、银圆 300 多块和大量金银首饰、衣物等物资，帮助红军和苏区人民度过了经济极其困难时期。苏区人民为支援红军胜利做出了巨大贡献。

第三节　妇女巧治敌援兵

嘉陵江战役，是红四方面军在反敌"六路围攻"胜利后，为配合中央红军长征打的一次重大战役。这次战役从 1935 年 3 月 28 日开始，至 4 月 21 日结束，历时 24 天，共歼灭国民党 12 个团约 1 万余人，攻克县城 9 座，控制了东起嘉陵江、西迄北川、南起梓潼、北抵川甘边界的广大地区。3 月 28 日强渡嘉陵江战役开始。按照预定作战部署，红四方面军 30 军第 88 师 263 团 2 个营的战士分乘 50 多只船从苍溪城以南的塔山湾快速直驶对岸，攻占敌人几十个碉堡后，全歼守敌 1 个营，击毙敌团长陈崇朴。不到两小时，第 263 团全部登上西岸。与此同时，右翼第 31 军在鸳溪口强渡成功，攻占敌险要阵地"火烧寺"，击溃敌 1 个旅。渡江成功后乘胜扩大战果，是保障渡江胜利的关键。红四方面军渡过嘉陵江后，继续分兵三路，以疾风扫落叶之势，席卷沿江敌人。4 月 2 日，红四方面军第 30 军 88 师、第 31 军 93 师和 91 师一部分别挺进剑门关，从东、西、南三面包围了敌守备重点剑门关。红四方面军副总指挥王树声率 31 军担负主攻剑门关的任务，向隘东侧敌人进攻；第 30 军 88 师向西侧敌人进攻，攻克关口东西两侧制高点，全歼守敌 3 个团，占领剑门关要隘。第 30 军和 31 军各一部乘胜前进，一举攻占昭化城，歼守敌一个团。至此，嘉陵江西岸敌军江防被全线摧毁，渡江战役第一阶段顺利结束。

为了夺取战役的全胜，红四方面军决定乘敌慌乱之际，立即进入渡江战役第二阶段，向纵深进击，横扫涪嘉之敌。第31军主力推进至羊模坝、三磊坝地区并分割广元、江油之敌，阻止胡宗南部南下，保障红军右翼安全；第30军、第9军主力向江油，第4军主力向梓潼地区进攻。红军这一攻势，使邓锡侯老巢绵阳受到威胁，为解江油之围，保障成都安全，邓锡侯慌忙拼凑了18个团的兵力，在飞机掩护下经中坝向江油大举增援。邓锡侯的部队刚刚离开绵阳老巢，徐向前就下令部队抓住有利战机，全线展开反击，川军土崩瓦解，战斗胜利结束，红四方面军击溃川军10个团，歼灭其中4个团，俘敌3000余人，邓锡侯差一点被活捉。

嘉陵江战役的胜利，不仅打破了蒋介石和四川军阀妄图对川陕革命根据地发动新的围攻和消灭红军的"川陕会剿"计划，而且歼灭了大量敌人，打击了敌人的气焰，迫使敌人慌忙调兵遣将。在此期间，蒋介石下令胡宗南调部队增援嘉陵江西岸敌人。胡宗南部队一小股援兵（与大部队走散）从永宁方向赶往鸳溪渡口，在途经龙隐寺苏区（五龙镇龙隐村六组）猫儿嘴时，时任龙隐村苏妇救会主任的李秀芳（龙隐村二组曾亮贤的祖母）等在苏区政府的安排下，佯装热情，"主动"给敌援兵做白面饼子，趁机在面粉中添加了白石灰和巴豆粉。敌援兵为了尽快赶到增援地，慌忙赶路，一路上又受到苏区游击队的不断打击，无处吃饭喝水，饥渴难忍，便狼吞虎咽吃了这些饼子后又慌忙赶路。走不到一里路程，便觉腹内如火烧般疼痛难忍，赶忙喝上一些凉水，不但没有缓解腹痛，反而拉起肚子来，无法继续前行，全部瘫倒在龙隐寺苏区的铧厂沟边。苏维埃游击队抓住机会，俘获了胡宗南这一小股援兵。

第四节 奋起反抗斗敌人

1935年5月下旬，红军全部撤离苍溪包括龙隐寺乡苏区所属区域。红军走了，苏区的"天"变了，广大贫苦农民又陷入了水深火热中。在红军尚未撤离根据地之时，蒋介石就纠集刘湘等军阀拟定了对川陕革命根据地反复进行"清共剿赤"的计划，"纷令各区域民团，随军步进，肃清残匪"。因此，红军一撤走，为非作歹的川军和地方反动势力接踵而至，他们秉承刘湘的旨意，迫不及待地成立了整理委员会、善后委员会等反动机构，极力拼凑反共反人民的"清共委员会""清乡队""义勇军""侦缉队""还乡团"等反动队伍。颁布所谓"搜剿"命令和限期"登记""自首""告发""缉拿"通告，在川陕苏区的苍溪县包括龙隐寺苏区在内疯狂地进行大搜捕、大劫掠、大烧杀。一时之间，白色恐怖笼罩了整个苏区。无论白天黑夜都荷枪实弹的还乡团清乡、抓人、烧房、拆房。对待红军尾队、苏区干部、游击队干部和革命群众，手段极其残忍，罪行累累，真是罄竹难书。1935年6月，红军走后不到一月时间，苍溪县民团头子陶子征就带领民团匪徒两次"清剿"龙隐寺。龙隐寺乡苏维埃主席牟永顺——苍溪县五龙镇清凤村二组人，1932年参加革命，红军强渡嘉陵江走时随红军走后杳无音信——家被民团匪徒查抄，家人为活命各奔东西，至此，牟永顺全家在清凤村二组消失了，再无下落。龙隐寺庙里的和尚"何莽子"被赶出寺庙，躲藏在龙隐寺山下的石岩里不久冻饿而死，周边人将其埋在石岩里——此地后来一直被称为何莽子岩。龙隐寺道士薛民中躲逃至剑阁鹤龄寺的薛家沟以乞讨维持生计。苏区干部、游击队干部和革命进步人士无一幸免。龙隐寺乡苏维埃政府副主席李毓秀，游击队队长梁从善，苏维埃干部杨瑞生、伏从会、陶友成等家中房屋被拆毁，全部粮食和财产被掠走，父母、妻子和儿女四散，家破人亡。李毓秀、梁从善、杨瑞生、伏从会、陶明成几位苏维埃干部，先后被还乡团抓捕，关押在恶霸王炎院子里（五龙镇新梁村七组），后经革命人士、游击队队员和族人多方营救才幸免一死，但有的已无家可归，只能流落他乡逃荒要饭。苏维埃游击队干部李秀福（五龙镇龙隐村三组人）、韩森林（五龙镇新梁村六组人）被陶子征民团匪徒抓捕。乡苏维埃征粮委员孙远宗远逃外地避难，三年后暗地回到家中被国民党发现抓捕关押受刑，1939年春押往陕西朝天一带为国民党修路，之后杳无音讯。据老一辈人讲，1935年6月起，陶子征民团匪徒经常窜入龙隐寺苏区抢东西、抄家、拆房子，无恶不作。当时革命热情最高的龙隐寺苏区，是国民党反动势力疯狂反扑人民群众受害最深的地区。国民党反动势力疯狂屠杀、残酷迫害，使苏区人民家破人亡、妻离子散，连简单的再生产也无法维持。为反抗国民党反动派民团、还乡团和恶霸地主的残酷迫害，许多苏区共产党员、干部和游击队员秘密地隐藏于苏区民众之中，他们秘密组织民众与当地恶霸地主开展巧妙的斗争，领导群众开展抗粮、抗捐、抗丁等斗争。当时龙隐寺苏区若有民团匪徒来抄家、抓人、抓壮丁等，就有人早早暗中通知其人尽快躲避，这些人得到消息后迅速躲避他乡，有的到东北方向的东河（苍溪县歧坪、东溪等地）、旺苍、巴中、朝天、广元等地"背力"（替人背运粮食、农具、日用品等），有的则到西南方向的阆中、南部、盐亭、梓潼等地"背力"做小生意，以保存革命实力。每当恶霸地主、民团匪徒来为非作歹，民众就抱团抗争。当地恶霸王炎（五龙镇新梁村七组人），有一天带着家丁来到薛家梁（五龙镇龙隐村三组）上边院子，叫嚷着院子的人与红军有瓜葛，他们要抄家、抓人，随即将堆码在"腰磨子"（推磨豆浆的石磨）旁的一大堆柴推倒，就要点火焚烧。薛家梁人见此情况，男女老少齐出动，拿起锄头、扁挑、大柴块子（烧火的大柴）团团围住王炎一伙拼命，王炎一伙慑于众威，放出几句狠话后便灰溜溜地走了。群众抱团抗争的事不胜枚举，有力地打击了反动势力的嚣张气焰。

第五节　建立女子宣传队

红军中有一支活跃的女子宣传队，每个人都能说会唱，她们入乡随俗，按照当地流行的山歌调，改编歌词、打快板、打莲花落、唱秧歌进行宣传，使当地百姓听得懂，记得住。当时女子宣传队苏区十分活跃。

现年94岁的孙永会（女，浙水乡杨柳村二组人）老人，是当年红军女子宣传队的队员，她精神矍铄，记忆力很好，曾绘声绘色地叙述当年参加红军女子宣传队的故事。

1934年秋至1935年春，中国工农红军进驻了龙隐寺苏区，有一支"红军女子宣传队"特别活跃，住在龙隐寺苏区黑塘沟（浙水乡杨柳村六组）张克恩的家中。领头的一位姓罗，大概有十六七岁，个子较高，人很漂亮，队员们都称她为"罗姐姐"。她每天组织宣传队的队员，到各家各户搞宣传，并招收了好几个年龄较小的女孩子，教唱红军歌——"工农红军为人民，推翻剥削要翻身，打倒土豪和劣绅，穷人当家做主人。红军纪律最严明，保护工农弟兄们，全心全意为人民，买东西要公平，保护合法小商人。工人农民称兄弟，劳苦大众更相亲，说话要和气，开口不骂人，工人与农民，都是受劳苦人。工农红军爱百姓，不许打人和骂人，不许拿百姓的东西，借了东西要还清，损坏东西要赔人，住了房子要扫净，大便小便要避人。不许调戏妇女们，做事说话要文明……"当时参加女子宣传队的有徐怀英、徐泽会、李二女子、韩玉珍等六人，她们都十三四岁了，只有孙永会八岁，是参加红军宣传队中最小的一个。她们每天分成小组，到苏区各村各户唱红军歌曲，同时还宣传红军为劳苦大众打天下的政策。每天发给她们每人一个小饼子、两颗水果糖，女子们都十分高兴，每天早出晚归，非常积极。孙永会回忆说："1935年4月初，红军强渡嘉陵江走时，其他几个大的姐姐都跟红军走了，我当时小，父亲不让我去，所以我没走成……"说这话时她有些黯然伤神。过了一会儿，她又兴致勃勃地说："当时用'花荷包'（一种当地民歌）腔调唱红军歌的歌词，我还记得一些。"随即便唱了起来："九月里菊花开，红军哥哥从外哟来，月亮弯儿咧，红军哥哥多和蔼；十月里，十月十，红军哥哥把田啰犁，月亮弯儿咧，帮助我们要田地；冬月里，冬至冬，情哥哥就要嘛当红军，月亮弯儿咧，情妹妹的心里嘛暖烘哦烘；腊月里，三九天，红军哥哥哟把兵练，月亮弯儿咧，整齐的队伍嘛好威严……"老人越唱越兴奋，眼里含着晶莹的泪花，好像又回到了当年。

红军女子宣传队驻地

红军女子宣传队队员孙永会

第六节　劳苦大众学文化

1933 年中国工农红军苏区工作队进驻龙隐寺后，龙隐寺乡苏维埃政府组织了女子宣传队、童子团，派出识字的干部和红军战士深入苏区各院落，一边宣传，一边教青年儿童识字学习文化。据 91 岁的李治德老人回忆：1933 年秋，仅龙隐寺村就有 20 多个少年儿童，最大的 14 岁，最小的只有 9 岁，都是穷人家的孩子，当时没有教室，也没有桌椅板凳，红军教员就利用练习场就地取材，用大石头平面作黑板，让孩子平整好土坪，折来树枝当笔，就地练习写字。特别难忘的是有一天，红军战士带领孩子们去离龙隐寺约半里路的盘龙包操练时，发现龙隐寺后山有一个叫"牛项颈湾"的地方，有一片很大的斜石板坡，光亮平滑，适合让孩子们利用起来学习识字。第二天，红军战士便带着童子团的孩子们来到斜石板处，上了让他们终身不忘的第一课。红军教员在石板上，用红石骨子写下了"中国工农红军是穷人的队伍"十二个大字，一个字一个字地教孩子，并让孩子们捡来石子在石板上练习写字。就这样，红军教员随时随地教孩子们识字，没有书本和黑板，教员就在石头上、土地坪上、石板上边写边教；没有笔墨纸砚，就叫孩子折来树棍，捡来石子、土块或找木炭在地坪上写，在石板上写，在石头上写，甚至用手指在自己身上默默地写。一时间少年儿童的学习热情十分高涨，苏区的青年男女也非常想学习文化，但白天要下地干活，苏区政府和红军就分别派出教员，两三人一组分别深入村、户，利用晚上的时间组织青年男女学习。当时苏区的李家坪、吴家坝、韩家沟、薛家梁、曾家扁、孙家沟、罗家沟、黑塘沟、丁家沟、花庙子、车家湾等人居较密的大院子里都有红军干部教识字。

为了让老百姓学文化，红军还专门编写了教材，有革命三字经，有消灭刘湘的三字经。比如：工农兵，来革命，共产党，是救星，苏维埃，好章程，工农兵，共专政，我红军，穷人军，杀豪强，灭民团，救穷人，创苏区，十大省。

第四章　军民团结鱼水情

1933 年至 1935 年红军在龙隐时期，龙隐寺周边的穷苦百姓在苏维埃政府的领导下，在中国工农红军的影响下，群情激昂，革命热情十分高涨，涌现了许多军爱民，民拥军，青壮年要参军，军民鱼水情深的动人故事。

第一节　红军穷人一家亲

"军爱民来民拥军，军民团结一条心，工农红军为人民，解放受苦受难人。国民党来压迫人，穷人没吃没田耕，土豪劣绅是恶人，欺男霸女还杀人，夺了田地还不算，种出粮食他收完，卖儿卖女去讨饭，日子过得好艰难。工农红军是朋友，红军来了我打狗，送菜送粮只要有，红军一口我一口。兄弟拉着红军手，我要跟上红军走。老人妇女手脚忙，打草鞋来补衣裳，烧水煮饭送军粮，就连小小娃儿们，站岗放哨把敌防。红军穷人一家亲，齐心合力闹革命……"这是在那"牢记阶级苦、不忘血泪仇""忆苦思甜、不忘阶级斗争"的年代，生产队开会时，几位老人（薛民中、薛玉民、李秀仁）回忆的红军宣传队编的"打钱棍"（一种当地民间文艺形式）的歌词。几位老人你一句我一句连接起来的，虽然不太完整，但也展现了当年苏区军民团结一心，轰轰烈烈闹革命的场景。

据韩秀林老人回忆，红军进入龙隐寺后，从不占用民房，都住在庙里、山洞里和石岩里，随时派出小分队深入农民家中，一方面宣传发动群众，一方面帮老百姓春种秋收。有一天，住在龙隐寺的几名红军战士，来到龙隐寺山下的韩家碥，当走进韩家上头院子时，院子里却无一人。他们赶紧挽起袖子，打扫院子、给每家挑水劈柴、打扫猪圈厕所、喂猪喂牛，无论什么脏活、累活都干。韩家碥的人看见红军战士像家人一样，那么可亲可爱，就纷纷回到院子里，红军战士放下手中的活路，找了几条板凳让大家坐下。红军班长语重心长地对大家讲："乡亲们，我们红军战士，绝大多数都是贫苦农民出身，同一切受压迫的劳苦大众一样，长期以来都深受地主阶级的残酷剥削和压迫，我们红军就是穿上军装、拿起武器的穷人，是为穷人谋幸福的。为什么我们年年种庄稼、卖苦力，还是吃不饱、穿不暖，过着饥寒交迫的日子呢？就是因为国民党反动派的苛捐杂税多如牛毛，恶霸地主的敲诈勒索和残酷剥削，欺压得我们穷苦农民喘不过气来。为了推翻国民党反动派的残酷统治，消灭人剥削人的社会制度，让我们穷苦人民翻身做主人，过上幸福生活，我们就要参加红军，拿起武器，消灭一切反动派和恶霸地主，才能使我们劳苦大众翻身得解放。"红军班长的一席话语，说得大家心里暖烘烘的，对红军战士们肃然起敬。

红军战士白天经常到田间地头，帮助农民耕田、种地，和农民朋友摆龙门阵，用深入浅出的道理宣传中国共产党、宣传中国工农红军。夜晚，他们经常三人一组，深入农家、户院，教大家学文化、唱歌，也拉家常，亲如一家。当时，红军教穷苦农民唱的歌曲很多，如《穷人觉醒歌》《红军纪律歌》《十问十答》《分田歌》《建立苏维埃》《当兵就要当红军》《劝郎当红军》《送郎当红军》《欢送红军战士上前线》《十把扇儿》，还有许多用民谣改编的山歌。《十把扇儿》《送郎当红军》和用民谣改编的《我要当红军》，基本上家喻户晓，人人都会唱两段。红军战士利用空闲时间或夜晚教青年男女、少年儿童学习文化。晚上没有灯油，就用"松光"（松树上带油脂的疙瘩）烧燃照明。很多年轻人，晚饭后从老远的地方赶到红军战士讲课的院坝或院子，听红军战士上课。红军教员手拿课本，在"松光"中，一字一句地教大家。那时，识文断字的人很少，初学时，多数人跟着读"望天眼"书。年轻人记性好，红军教员教过两三次后，不少人都能背诵课本中的部分段落：

> 说起穷人真是苦，又冷又饿住茅屋。
> 吃没吃顿好菜饭，穿没穿件好衣服。
> 一年四季做活路，牛马畜生都不如。
> 忙来忙去忙个死，盘起账来百事无。
> ……
> 跑出去的快回家，回家分田好安身。
> 生意人家快开门，公买公卖交易均。
> 莫吃鸦片中了毒，中毒之人快戒尽。
> 春天已经来到了，快拿种子快耕耘。
> ……
> 今年田地好好种，一颗一粒归自身。
> 不拿款子不交租，有吃有穿享太平。
> 但有一句要紧话，加紧武装作斗争。
> 要想田地分得稳，只有坚决当红军。

......

　　饱受没文化之苦的贫苦农民，学习文化的热情十分高涨，开始跟着教员念，慢慢跟着教员识字、写字，进步很快，在较短时间里，许多年轻人都能认会写很多字了，并能讲出字里行间的革命道理。在学习文化过程中，年轻人与红军战士朝夕相处、亲密无间，有时学习时间太晚了，年轻人们都要几个人组成一队，把红军战士送回龙隐寺驻地。这批年轻人，大多数后来都参加了红军，有的成了红军指挥员。

　　红军纪律严明，从不拿群众一针一线，不在农民家中吃一顿饭，喝一碗水，态度和蔼可亲，红军的行为深深感动了苏区人民，很快军民一家亲，很多人都和红军战士交上朋友。军爱民，民拥军，老百姓自发地给红军送衣物、粮食。韩秀林老人回忆说，她父亲韩宗直起初十分害怕红军，后来，红军经常到他们院子搞宣传，帮助做农活，他很快结识了红军一位姓陈的排长，称兄道弟，亲密无间，经常组织周边的群众给红军送菜、送米、送情报，积极做群众宣传工作。在他的宣传鼓励下，韩德林、韩寿林、韩玉珍（女）等一批青壮年都参加了红军。

第二节　老中医义救红军

　　龙隐寺道士薛民中曾讲过这样的事情：1933年龙隐地区遭大风、冷子（冰雹）袭击，大片农田绝收，农民缺少粮食，生活十分艰难。疟疾、伤寒、痢疾流行，唔噬了无数人生命。群众普遍缺乏卫生常识，有病时往往乞求于端公、巫婆，而不相信医生和药物。还有许多人吸食鸦片，身体羸弱，精神不振，丧失劳力。当时，流行病相当严重，主要有麻疹、天花、梅毒、结核病、钩蛔虫病等。由于贫穷，群众的卫生习惯也很差，一家人住在一间矮小、潮湿的茅草房里，挤在一张柴床上，不洗脸，不洗澡，无衣服换，虱子满身。特别是农村贫穷人家，基本上是厨厕相连，人畜共处，牛溲鸡便，狗屎猪粪，恶臭扑鼻，污秽盈庭。如此恶劣环境使霍乱、赤痢、伤寒、痘疮、猩红热、疟疾、流行性感冒等疫病传染更严重，严重危害着人民群众的生命和健康。广大贫苦农民得了病既无钱治疗，又无良医良药，只得把疾病看成天命注定，无法摆脱病魔，因而只能不断被封建迷信的所谓鬼神愚弄。当时有一首民谣说："穷得狗在锅里卧，哪还有钱去吃药。有病唯愿早些死，免得活着受折磨。"由此贫苦农民的凄凉惨况可见一斑。

苏维埃政府的建立，使劳苦大众的悲惨命运有了转机。龙隐寺乡苏维埃政府和红军工作队找来一些民间医生对流行病治疗方法进行研究，积极为广大群众防病治病。采取多种形式宣传讲卫生知识、预防疾病的方法和科学道理，严禁民众吸食鸦片烟。一方面反对封建迷信活动，不准端公、巫婆、巫师欺骗群众，派出医生，主动上门为群众治病，让群众相信，有了病只有诊断服药才能治好。另一方面，提倡大搞群众性的清洁卫生运动，让村民养成讲卫生、爱清洁的习惯，达到预防疾病的目的。苏维埃政府工作人员和红军战士，一到龙隐寺，首先是打扫寺院，清洗厨房、厕所，清理阴沟，砍杂去乱，整理周边环境卫生，给群众做示范。他们深入农户，帮助农户打扫庭院、厨房，清扫厕所、猪圈，出牛圈，掏阴沟，清除鸡屎、狗粪，消灭蚊蝇，宣讲不喝冷水，不乱吃东西等对预防疾病的重要性。由于苏维埃政府和红军工作队人员做了大量具体工作，当时一些流行性疾病得到了控制。但是，当年遭大天灾，到处闹饥荒，住在龙隐寺的苏维埃政府工作人员和红军战士，也同百姓一样吃糠咽菜，挖野菜、捡菌子（野蘑菇）、地母（地耳）充饥。由于长时间在农户家中做着脏活、累活，又要忍饥挨饿，有几名红军工作队员被传染上疟疾，高烧不止，上吐下泻，生命垂危。

龙隐寺山下薛家梁（五龙镇龙隐村三组）有位名中医——薛银先老先生，以治疗跌打损伤、收水接骨、风寒感冒、阴疮恶疽、伤寒痢疾等民间疑难杂症而远近闻名。他一生节俭朴素，怜悯穷人，给穷人治病，他都亲自上山采药或用自己栽种的药材。直到现在，他居住过的老屋前后还留有如荆芥、薄荷、丹参、紫苏、熟地、茴香、柴胡、车前草、地黄等中草药材的种苗。他是苏维埃政府组建民间医疗队时，首位医疗队队员。他一生教有四位徒弟，个个医术高超，医德善美，也是苏维埃政府民间医疗队的成员。薛银先老先生得知红军战士得病，赶紧找来徒弟李万奇（苏区丁家沟人），两人一起赶到龙隐寺红军驻地。为红军战士把脉诊断，又一起上山采药，熬制成药汤，亲自送到龙隐寺，治愈了几个红军工作队队员。此事在群众中广为流传，成为一段拥军佳话。

第三节　一碗豆浆见真情

玄都村李秀正老人讲述过他母亲陈久会在 1934 年为中国工农红军煮饭，以豆浆代酒的故事：

1934 年冬天，中国工农红军在龙隐寺苏区取得了"智取玄都观"战斗胜利，国民党军队和反动民团败退至离小浙水渡口不远的"尖山子"，凭借山高路险，国民党部队和苍溪县民团深挖战壕、高筑堡垒固守"尖山子"负隅顽抗。在与红军对峙阶段，红军一部陆续集结于玄都观山下，屯兵于玄都观山下的石岩和崖洞中。一日，我母亲准备上山放牛割草，刚出门，看见几个带枪的人向她家走来。因国民党部队的兵匪一直在这一带烧杀抢掠、强奸妇女，母亲认为又是国民党部队的人，吓得赶紧往深山里跑。跑了一段路后，见几个人并没有追她，她便停下来，这时有一个人向她打招呼："大嫂，我们是中国工农红军，不是国民党（白军），我们是打白军的……"母亲对红军也有所耳闻，见红军并不向白军兵匪那样野蛮无理，便壮着胆子向红军战士走来。原来这是红军的一支小分队，执行前线侦察任务，来回走了快一天的路，还没有吃饭，母亲得知情况后，就叫小分队到我家，她给他们煮饭吃。母亲从窖里捡来红苕，加上不多的大米煮了一大锅稀饭让战士们吃了一个饱。饭后红军战士又要出去执行任务，考虑到红军战士人生地不熟，母亲就和父亲（父亲李玉彦后来成为苏区游击队队员）商量，主动给红军战士当向导。晚上没有地方住，他们就把红军战士接回家中居住，又给红军战士煮玉米糊吃。寒冬腊月，穷人家没有多余的棉被，父母亲将唯一的破被子让红军盖，一家人蜷缩在草堆里过夜。为了不引起敌人的注意，红军战士只能分批进出，三三两两悄悄进入房内，李玉彦就主动为红军战士站岗放哨。早上红军战士要出门，母亲就给他们熬一锅红苕玉米粥吃。白天，母亲上山挖些野菜，去地里捡些红苕皮头（挖红苕时遗落的苕头和小红苕根），将红苕皮头磨成浆加上羊头夹（一种野菜）和少许玉米面煮成野菜粥吃。一连几天过去了，转眼到了大年三十夜，富人家有酒有肉有饭吃，我们家基本上是一无所有了，母亲就将捡回的红苕皮头磨成浆加上羊头夹、玉米面揉成菜团蒸成馍馍，把家里红苕全部煮了，磨了一盆豆浆熬熟，放在桌子上，这就算过年了。母亲给每个红军战士盛上一碗豆浆说："兄弟们，我们家穷，没有酒肉过年，这碗豆浆权当一碗酒，请大家过年了……"战士们吃着红苕、野菜馍馍，一口一口地喝着热腾腾的豆浆，眼泪夺眶而出。年后，就这样又艰难地度过几天，红军战士打胜"尖山子"战斗要渡江走了，拿出一块银圆给我母亲。母亲说什么也不收。红军班长见状，就将从敌人手里缴获的一个绿色铁皮食品箱交给母亲后说:"大哥、大嫂请你们收藏起来,做个纪念吧!等我们胜利后,再来找你们。"红军走后,我们家一直秘密保管着这个铁皮箱,每当看到铁皮箱,我就想起当年的红军战士。

第四节　激情满怀忆红军

2018 年春天,本书编者在走访红军故事时,拜访了 91 岁的韩秀林老人(龙隐村三组人)、92 岁的李治德老人(龙隐村三组人)、94 岁的孙永会老人(浙水乡杨柳村二组人)。在讲到 1935 年 3 月红军强渡嘉陵江鸳溪石锣锅河渡口、小浙河渡口时,她们脸上顿时泛起红光,心情十分激动,每个人都如数家珍般地诉说着红军过江前,苏区民众护送红军的感人故事和热烈场面。

李治德老人说:"1935 年的春节刚过不久,红军一支部队从永宁铺、五里子(五龙场)方向来,打了'玄都观''尖山子'的胜仗后,就直接追敌往苍溪县城方向去了,随后红军的大部队就来了。我当时年纪还小,只记得红军大部队整整过了三天三夜,当时龙隐寺周边的人都忙碌起来了,很多青年人跟红军走了,在走之前还将两条渡江的船和二十几条渡江木筏子抬到了鸳溪的石锣锅河渡口和小浙河渡口。男女老少,家家户户,忙着烧干粮、打草鞋、扎棕衫、编雨帽,争先恐后去送红军。"韩秀林老人接着说:"当年我也还小,只晓得我们院子里的韩德林、韩寿林还有韩大女子(韩玉珍)等人都跟红军走了,我父亲(韩宗直)在家里烧了一撮箕红苕,炒了一升小豆,提了一提草鞋送到龙隐寺那边给红军。当时我年龄不大,但是胆子还算大,邀约几个与我同龄的男女娃儿,也几天几夜没睡觉,跑到龙隐寺薛家梁看'过红军'。只见我们韩家碥、周家梁（五龙镇新梁村五、六、七组）、薛家梁、曾家梁、曾家碥、老屋里、孙家沟、铧厂沟、张家沟、龙隐村、罗家沟、文家梁（鸳溪镇龙岩村、学堂村、浙水乡杨柳村）家家户户都在给红军送烧熟了的红苕、炒熟了的苞谷、黄豆，有的还送去磨好的炒面（一种用杂粮、米糠炒熟磨成的面粉）。特别是薛家梁的人，除了给红军送粮食外，几户人家每天都烧好开水，担到龙隐寺山下的'茶缸嘴'，倒在石茶缸中，几天几夜从未间断。我还看见几个女人给红军背粮食，抬木筏子。其中有两个妇女，个子比较大——后来才知道是薛青洲的妻子杨菊林、薛珍先的妻子孙英宗——她们背上粮食，还扛上一根木筏子，连夜送红军到鸳溪渡口。薛家梁（中间窝）的徐老太婆——当时还是年轻媳妇——拉着即将离开家乡跟随红军渡江的丈夫薛玉申（红军烈士），又是整理衣服、鞋帽，又是抚摸丈夫的手、脸，千叮咛，万嘱咐，那种恋恋不舍，泪流满面的场景，我现在还清楚地记得。"

94岁高龄的孙永会老人很健谈，她说，红军来时，她不满10岁，是女子宣传队的队员，红军走时，宣传队的几个女子都跟红军走了，她年纪小，父母亲不让去，所以没去成，红军过江走时，她哭了，她看见周围许多青年男女都跟红军走了，特别是宣传队的姊妹都走了，她非常伤心。"过红军"那几天，整个龙隐寺的人都很忙碌，抬木船的抬木船，抬木筏子的抬木筏子，扛竹子、扛木料忙个不停。周边的妇女做了很多布鞋、布袜子

韩秀林老人，1929年生，龙隐村三组人，红军事迹亲历者

送红军，还帮助给红军送弹药，送衣服，送了很多草鞋、棕衫、雨帽，送红军就像准备过年一样。说到激情处，老人还对着我们唱了一段她当年在红军女子宣传队唱的歌：

> 我要走哟我要走，
> 我要跟上红军走，
> 红军来到小浙河，
> 受苦穷人都欢乐，
> 参加红军打土豪，
> 穷人过上好生活。
> 红军给我有吃穿，
> 我要跟上红军干，
> 为了翻身得解放，
> 就是死了也心甘……

当年苏区人民渴求翻身解放，拥护共产党，热爱红军，积极参加红军，与红军战士同生死、共患难，誓将革命进行到底的革命精神和革命热情，至今值得追奉和发扬；朴实的阶级感情，苏区人民对中国革命事业的奉献，将记入历史史册，传承后辈发扬光大。

第五章　建立武装保家乡

第一节　游击队

游击队是根据地人民保卫革命政权、保卫自己阶级利益的地方武装组织，其任务是配合正规军与敌人作战。镇压根据地的反革命分子，维护社会治安，保卫人民生命财产安全。它是中国工农红军可靠的后备军。参加游击队的人员，绝大部分都是贫农、雇农、手工业工人。

龙隐寺乡苏维埃建有六支游击队，即龙隐寺乡苏维埃和五个村苏（农会）游击队。乡苏维埃游击队有 60 多名队员，游击队队长梁从善；龙隐村苏游击队队长薛玉申；丁家沟村苏游击队队长李贞德；龙岩村苏游击队队长牟国武；韩家沟村苏游击队队长李万生；玄都村苏游击队队长张明星。据不完全统计，1933 年至 1935 年初，整个龙隐寺苏区有 180 多名青年男女参加了游击队。他们中间大多数又参加了红军。

1933 年至 1935 年，龙隐苏区游击队队员，手持大刀、长矛、火药枪、自制土雷，积极配合红军，消灭国民党部队和反动民团武装，坚决保卫苏维埃红色政权，严惩土豪劣伸，消灭地主反革命武装势力。曾积极参与了中国工农红军在苏区进行的"四坪里歼灭战""智取玄都观""夜战尖山子"和"强渡嘉陵江"等战斗，不少游击队队员牺牲在战斗中。乡苏维埃17名游击队队员，配合三川区苏维埃游击队，经过三天三夜，在距龙隐寺50多里路的石门河，抬回两只渡江大船，为后来红军渡江准备了条件。

龙隐寺处于敌我战斗的最前沿，与住在嘉陵江西岸的敌人仅一江之隔，敌人经常过江骚扰破坏、武装攻击苏维埃政府，杀害苏区革命人士，特别是经常到苏区抢粮食和物资。为此，苏区游击队与红军、当地群众联合，武装保卫苏区，阻击敌人的骚扰和破坏。乡苏维埃政府以游击队为主，成立了独立营，加强河防，阻止敌人过江。他们昼夜站岗放哨，严密监视敌人的动向，有的为保卫苏区人民生命财产的安全献出了宝贵生命。浙水乡水文村（龙隐寺乡韩家沟村苏）的吴柏林，晚上在弓山岭放哨时，遇敌人过江偷袭，哨所被包围，他为了给红军报信，舍身与敌人搏斗，最后牺牲。响起的枪声给红军报了信，红军和游击队立马出动部队，迅速消灭了这股敌人，保卫了当地人民的生命财产安全。

各村苏维埃游击队严惩土豪劣绅的武装力量，镇压了国民党反动派的特派员邹天青，反革命地主武装头子韩华林。在苏区开展了大量武装斗争，参加游击队的人员大多数都参加红军跟随红军北上。由于时间跨度大，又没有史料记载，他们的名字已无法详细考证。他们中间许多人跟随红军走后，杳无音讯，再没能回到故乡。一部分游击队队员在红军长征走后，继续与敌人进行不屈不挠的斗争，许多游击队干部、队员在还乡团血腥镇压下，受尽酷刑，许多游击队干部和红军亲属，惨死在敌人的屠刀下，他们的事迹与捐躯沙场的红军战士一样可歌可泣！

我们根据部分零星资料和民间调查，收集记录了一些游击队队员的名字。

龙隐苏区游击队部分队员名单

梁从善	孙远宗	刘春恩	李秀福	薛玉申	张德成
曾元红	李秀钦	李秀钢	李贞德	李秀锋	刘湛恩
杨长贵	李秀寿	牟国武	王芝银	牟绍荣	罗万顺
李万生	杨瑞生	伏从会	张明星	张明成	文金财
曾善禹	曾元和	曾元贵	曾善钦	曾善荣	曾善青
薛玉申	薛玉银	薛青洲	薛淮洲	薛恩洲	薛江洲
薛坤洲	李秀仁	李仕宽	李仕良	李在祥	李秀禄
张克钦	张登奎	张良成	张淮成	张化成	张宣成
孙邦财	孙体宗	孙寿宗	孙邦召	孙和宗	孙来宗
韩宗福	韩寿林	韩森林	韩文林	韩祥林	韩德林
王绍武	王绍海	文金成	文友德	罗国亮	罗星瑞
牟绍尧	牟绍仁	牟绍禄	牟绍常	牟绍红	舟仕成
舟仕中	薛珍先	薛汉洲	薛玉民	韩宗直	曾善成

第二节　童子团

1933年至1935年龙隐苏区还有一支生气蓬勃、蒸蒸日上的革命力量——童子团。

1933年9月，龙隐寺乡苏维埃政府成立，点燃了苏区农民革命运动的熊熊烈火。中国共产党、苏维埃政府为培植革命的新生力量，使革命事业后继有人，在苏区组织建立了许多童子团。童子团是少年儿童的群众组织，主要任务是站岗放哨、送信，帮助红军家属担水、砍柴、耕种等。童子团的装备有刀、矛、木枪、木棒等。

1933年10月,龙隐寺乡苏维埃政府组织少年儿童成立了乡苏维埃童子团。老红军李辉德,曾是乡苏维埃童子团团长,他生前在讲述龙隐苏区革命故事时说:"1933年底,我担任龙隐寺乡童子团团长。我们乡童子团里有五六十人,都是龙隐寺周围十岁到十三四岁的娃娃,我们的任务是站岗放哨,参加训练,学习文化,学唱红军歌曲,收集、传送情报,在通往龙隐寺乡苏维埃政府驻地的各个路口,查看路条,盘查可疑人员。我们那时非常积极,执行任务也非常认真。我们白天也要做农活、做家务、放牛、割草。我们分成三五个人一组,轮换着站岗放哨。红军组织学习时,我们赶紧做完活儿,准时集中到龙隐寺,听红军教员上课,学习文化,学唱《拥护苏维埃》《中国红军歌》《我要当红军》《十把扇儿》《小朋友快联合》等歌曲。红军还对我们进行军事训练,教我们对敌斗争的方法。在放牛的山坡上,我们成群结队地演练红军教我们的军事技术,齐声高唱红军歌曲。晚上,在龙隐寺乡苏维埃驻地的两头路口上,各设一个岗哨,三五个人一组,轮流放哨,不管刮风下雨、天寒地冻,每天晚上不间断地坚持巡回检查,保卫了苏维埃政权的安全。当时苏维埃政府刚刚建立,防奸、锄奸工作很重,我们童子团站岗放哨的任务也很重,我们每一个童子团团员都尽职尽责,每人手拿一根木棒站岗,凡是过路的人就问:从哪里来,到哪里去,有没有通行证。一度成了把守苏维埃与敌占区之间交通要道上的卫士和耳目。有一天,我带着几个童子团团员在龙隐寺南边的路口站岗,天快黑时,从苍溪方向来了三个人,他们时快时慢,东张西望,神情鬼祟地向龙隐寺走来。等他们走近时,我们围住这三个人,盘问他们是干什么的,到哪里去。那三个人忙点头哈腰地说:'我们是去五龙走亲戚的。'问他们到五龙什么地方。其中一个说:'五龙那梁上。'问他们去的具体是哪一家人户,他们却支支吾吾说不出来。我们叫他们拿'通行证'，其中一个人慢慢吞吞地从口袋里掏出一张纸条。经我们仔细查看，发现路条上的章模糊不清，我们当时就收了他们的路条，要将他们送到苏维埃政府核对印章。那三个一听说去苏维埃政府，神色顿时有些慌张，很快又故作镇静，低声下气地对我们说：'你们都是些好娃儿，你们看天都快黑了，就放我们过去吧。'我们见这三个家伙支支吾吾，行踪可疑，便执意要他们去苏维埃政府核对路条。那三个家伙恼羞成怒，向我们吼道：'哪个说不准过路！'随即耍横来推搡我们。我看我们几个小孩斗不过那三个家伙，便向一个同伴使了个眼神，同伴心领神会地跑了，我们继续堵住这三个家伙。不一会儿，游击队的人来了，将这三个家伙押送到龙隐寺乡苏维埃政府。经审问，这三个家伙果然是苍溪河西敌人派来的探子，他们化装成农民，来龙隐寺、五龙、白鹤等地，刺探苏维埃和红军情报。"

那时，童子团的儿童年纪都很小，办事都特别认真，对领导交给的任务说一不二，不管遇到什么困难，都想方设法坚决完成。童子团是苏区一支生气勃勃的革命力量。

各村苏也分别成立了童子团。苏区大部分家庭的儿童都踊跃地加入了童子团，有的儿童没有被允许加入童子团，都伤心落泪，自感没有出息。许多家庭，父亲是游击队队员，母亲是妇救会成员，儿子是童子团团员，全家都积极投身革命。1935年红军走后，同游击队队员一样，童子团团员受到了还乡团的残酷迫害，但他们还是顽强地生存下来了。他们中间有的人在新中国成立前就参加了解放军，有的在1950年时参加志愿军，抗美援朝，保家卫国，有的牺牲在了异国他乡。大部分童子团团员，成为"清匪反霸、减租退押""土改""三反、五反"的主要革命力量，有的走上了建设祖国的革命道路，成为建设事业的领导力量。追溯80多年前龙隐苏区童子团，可以说，当时8—14岁的儿童基本都是童子团团员。现在，绝大多数人都已去世了，因而要完整记录下他们的名字，是一件十分困难的事情。但他们那一代人，是中华人民共和国诞生和中华人民共和国成立初期建设的主要力量之一，功不可没。

龙隐寺乡苏维埃童子团部分团员名单

曾学才	曾照贤	曾金贤	曾善坤	曾文贤	薛泽义
薛泽春	薛财洲	薛青洲	薛泽民	薛伦洲	李富德
李伦德	李正德	孙泽嗣	张文银	张克会	张文会
张文月	孙邦仁	孙邦春	孙邦民	孙邦勤	刘开炳
冉仕伦	冉仕平	冉继凡	曾善云		

第三节　妇救会

千百年来，广大劳动妇女一直过着奴隶式的生活，她们地位低下，劳务繁重，生活十分悲惨。她们在政治上处于社会最底层，身受"四权"（政权、族权、神权、夫权）的迫害，没有丝毫的自由；在经济上只有劳动的义务，没有任何享受的权利。旧社会，许多男子因抽大烟，身体羸弱，只能从事辅助劳动，繁重劳动诸如推磨碾米、砍柴担水、养鸡喂猪、锥针纺线、洗浆补订、烧茶办饭等，全部落在妇女头上。她们早起晚睡，侍候公婆、丈夫。她们不仅是生儿育女的工具，还要经常背上娃娃做繁重的家务和农活。即便如此，还要遭受社会的歧视，公婆和丈夫的打骂虐待。在文化上，她们受"三从四德"等封建礼教的束缚，一切服从父亲、丈夫。"只有男州，没有女县""马有龙头猪有圈，婆娘有个男子汉"之类的民谣，就是当时妇女地位的真实写照。她们的婚姻是"父母之命，媒妁之言"的包办买卖婚姻，丈夫好坏，女子无法过问和选择，所谓"嫁鸡随鸡，嫁狗随狗，嫁给螃蟹横起走"，足以说明妇女婚姻的不自由。另外就是"抱女子"（即童养媳，亦称干女子）现象十分普遍，童养媳所受的痛苦，比一般主妇所受痛苦更深。许多七八岁到十一二岁的小姑娘，要从事繁重的劳动，却食不果腹，衣不遮体，公婆打骂更是常事，发育未全的童女遭受严重摧残。许多不堪忍受压迫和欺凌的妇女只有从轻生中寻求解脱。在哀告无门，走投无路之后，上吊、跳塘、服毒、跳岩，含冤而死。

1933 年 6 月，中国工农红军第四方面军由巴中、南江进入苍溪境内，解放了广大乡村、场镇。这一震天撼地、史无前例的大变革，对生活在社会最底层的妇女来说，犹如黑暗中划破长空的闪电，把前程照得璀璨夺目。苏维埃政府成立后，认真贯彻执行川陕省委制定的一系列解放妇女的方针、政策措施，提出：（一）妇女在政治、经济、文化上同男子一样平等；（二）男女平权；（三）反对穿耳、缠脚；（四）反对包办买卖婚姻；（五）反对"三从四德"的封建礼教；（六）严禁种吸大烟等。在宣传党的政策同时，组织成立妇救会。妇救会是由生活在社会最底层、受压迫最深的穷苦妇女所组成。1933 年 9 月，龙隐寺成立乡苏维埃政府后，展开了轰轰烈烈的农民革命运动，广大青年男女积极投身革命运动，不少人参加了红军、苏区游击队，就连少年儿童都组建了童子团；饱受残酷迫害、蹂躏和压迫的广大妇女，在中国共产党苏维埃政府的大力宣传教育和轰轰烈烈的革命运动的激励下，毅然纷纷走出家门，强烈要求参加苏区成立的妇救会。龙隐寺乡苏维埃妇救会成立于 1933 年 10 月。乡妇救会主任由苦大仇深的李秀芳（龙隐村二组曾家湾人，曾善奇、曾善兰之母）担任，乡妇救会共有成员 100 多人。各村苏（农会）也都成立了妇救会，整个苏区受苦受难的农家妇女大部分都参加了妇救会。在那场前所未有的运动中，共产党把妇女的解放看作是赢得革命胜利的巨大力量。在党的正确路线和政策指引下，苏区妇女自己团结起来，翻身做主的宏愿得以实现。她们为自身的利益和整个无产阶级的解放而奋斗；她们移风易俗，反对封建势力的压迫和旧家庭的束缚；她们在家里不再是卑躬屈膝含垢忍辱的奴隶，而是享有同男子一样的地位；她们不再是封建礼教的殉葬品，而是可以自由恋爱、结婚和依法离婚的自由生命，许许多多的童养媳获得新生；她们可以自由参加集会、结社和其他社会活动；她们在戒烟运动中，动员和帮助丈夫或亲人戒烟，做出了显著成绩。

红军的到来，苏维埃政府的成立，使妇女得到解放，面貌焕然一新。她们热烈响应党和政府"开发苏区富源""扩大苏区经济建设"和"加紧耕耘""不让寸土放荒"的号召，积极参加农副业生产。1933年下半年，随着军事斗争的发展，大批青壮年参军参战，农村劳动力减少，这时妇女逐渐成了农业战线上的主力军。她们组成生产突击队、代耕队、收割队，在秋收秋种中精打精收、种完种尽。

1933年至1935年初，她们组成工作队、宣传队，深入农家院户，宣传党的政策。她们运用当地耳熟能详的山歌调，以唱歌、演戏的方式，揭露旧社会对妇女的迫害，收到了良好的效果。例如，反映妇女政治地位低下的《妇女歌》中写道："数千年来压迫深，犹如落进陷人坑"；揭露封建买卖婚姻的《婚姻歌》唱道："婚姻不能自做主，一切皆听父母命"；鼓舞女奴争取自身解放的《丫鬟走出鬼门关》喊出："穷人债难还，卖女当丫鬟。丫鬟多磨难，血汗都流干。红军来了砸枷锁，丫鬟走出鬼门关。"其他还有《童养媳歌》《放足歌》《妇女参军歌》等。由于歌词的内容深刻地表达了旧社会广大妇女的心声，思想性强，教育意义深，加之曲调来自民间，易于传播，易于接受，许多妇女听了痛哭失声。这样的宣传活动，对推动妇女解放运动起了很好的作用。她们从革命实践中深深懂得，没有红军的胜利，便没有自己的解放。她们把宣传、动员、支持亲人参加红军，拥护红军，支援前线，当作重要的政治任务。1933 年，中国工农红军来到龙隐苏区，得到解放，获得新生的劳苦妇女们，迸发出十分高涨的革命热情，到处可以看到母送子、妻送夫、姐送弟、妹送哥的场景，到处可以听到《送郎当红军》《送儿女当红军》《送郎上前线》的歌声。当时，在龙隐苏区传颂着这样一首脍炙人口的歌谣：

唱：姑娘今年一十七呀哈，梳妆打扮去看戏，我有个小心思呀哈，伊儿哟，丫儿哟，有个小心思呀哈。

问：大姐，大姐，你打扮得这样漂亮，走得这么急，去做啥？

唱：大哥你听我说仔细呀哈，今天苏区在演戏，我去问个事呀哈，伊儿哟，丫儿哟，我去问个事呀哈。

问：大姐，你有啥子事呢？

唱：人家丈夫当红军呀哈，我家丈夫还没去，我心里好着急呀哈，伊儿哟，丫儿哟，我心里好着急呀哈。

问：大姐，你丈夫为啥还没去呢？

唱：人家丈夫一人去呀哈，我们夫妻争着去，有谁来管老的呀哈，伊儿哟，丫儿哟，有谁来管老的呀哈。

众唱：你们要去一起去呀哈，家中老的我管起，你们勇敢杀敌去呀哈，伊儿哟，丫儿哟，你们勇敢杀敌去呀哈。

唱：参加红军一起去呀哈，家中事情拜托你，我们要感谢你呀哈，伊儿哟，丫儿哟，我们要感谢你呀哈。

问：大姐，你们为啥要参加红军呢？

唱：国恨家仇难忘记呀哈，冲锋杀敌向前去，解放我们自己呀哈，伊儿哟，丫儿哟，解放我们自己呀哈。

问：大姐，你们啥时回来呢？

唱：我们跟上红军去呀哈，全国人民都解放，再回来看亲人呀哈，伊儿哟，丫儿哟，再回来看亲人呀哈……

正是在妇女们的大力宣传、热烈鼓动和细心劝说下，苏区许多青壮年纷纷离开家门，参加了中国工农红军，壮大了红军队伍。妇女同男人一样上战场，严惩土豪劣绅，有的参加了红军，有的参加了红军办的服装厂、兵械厂、女子宣传队。她们白天坚持生产，在田间劳动；晚上，热情地为红军缝衣裳、做鞋袜、烧水煮饭、赶制军需用品。1935 年 3 月底，护送红军渡江时，整个苏区妇女为红军做了几百双布鞋、几百双布袜，送去了上百件衣服。在运动中，她们成群结队，用苏维埃政府编写的革命歌词，用当地流行的山歌调放声歌唱，颂扬中国共产党，颂扬中国工农红军，颂扬苏维埃政府。一时间，整个龙隐苏区沸腾了，革命烈火熊熊燃烧，热火朝天的革命气势有力地震撼了地方恶霸地主和反革命势力。1935 年 3 月，红四方面军渡过嘉陵江，会合中央红军长征。苏区妇女饱含热泪送亲人当红军，积极勇敢地给红军送粮、送船、送木筏，倾家中所有，烧干粮、推炒面、送鸡蛋，护送红军渡江。据龙隐寺道士薛民中讲：薛家梁薛清洲的妻子杨菊林，在红军准备强渡嘉陵江鸳溪石锣锅河的前一夜，同薛家梁院子中的薛陶氏、薛刘氏、孙英宗、薛张氏几位妇女一起给红军送军需。杨菊林个子高，长得壮实，很有力气，独自扛上一根木筏子木料，再背着粮食，连夜将这些物资送到了石锣锅河渡口。那三天四夜（1934 年 3 月 28 日—4 月 3 日），整个苏区的妇女，没有一个在家中闲着的，妇救会发挥了不可磨灭的巨大作用。今天她们均已辞世，她们的名字已无法收录入革命史册，但妇救会的革命贡献将永放光芒。

第四节 服装厂

龙隐苏区是一个模范苏区，是 1935 年 4 月红军强渡嘉陵江鸳溪渡口、石锣锅河渡口、小浙河渡口的前沿阵地，也是红军渡江的屯兵之地。1934 年 9 月，龙隐寺乡苏维埃政府为支援红军，在苏区进行了大量的物资征收和储备。为解决红军战士无过冬衣服的困难，苏维埃政府在杨柳村苏的杨家坪成立了服装厂。苏区政府把自行购买和布商捐赠的 10 多托"家襻布"（旧社会偏僻落后的乡村没有织布机，广大贫民只能自己纺织布匹，这种人工纺织的白色粗布叫"家襻布"，宽 2 尺，长 1.2 丈为一托），送到龙隐村二组孙家角孙正宗家（老红军陶伦传的妹妹陶兰英婆家）染色。孙正宗家开设的是小染坊，只能将白布染成黑色或灰色。孙正宗家虽不算富裕，但他思想进步、拥护革命，他将这些白布染成灰色，亲自送到苏维埃服装厂，从未收过一分钱的染布成本钱。苏维埃服装厂由龙隐村苏、杨柳村苏、玄都村苏的刘氏、徐氏、孙氏、陶氏、王氏、张氏等（她们都没有名字，只能记下姓氏）六位针线活最精的妇女组成，她们都能裁会剪。无缝纫机，就手工一针一针地缝制；没有棉花，就收来旧棉絮，让人用弹棉花的弓梳理出棉花。衣服缝成后，又送至苏区统一保管，不到半年时间，服装厂为红军缝制了 30 多件棉衣，80 多套单衣裤。那时，苏区妇救会的妇女们，人人都为红军做布鞋，做布袜子，做衣、帽；老年人为红军打片襻子草鞋、编雨帽、扎棕衫。苏区妇女和老人们将自己做好的各种军需品纷纷送往乡苏、村苏，由苏维埃政府统一保管，政府再把这些军需物品统一交给红军指挥部。当时的龙隐苏区，可谓是一个庞大的红军服装厂。1935 年初，红军渡江走时，苏区政府送给红军棉衣、单衣 100 多套，鞋、袜数百双，棕衫、雨帽数百件。1935 年，红军走后，还乡团疯狂追杀为红军做过事的人，服装厂的女工也难免，为躲避追杀，她们分别逃亡他乡。徐氏、王氏、刘氏三名女子，躲藏在玄都观山下的燕耳岩洞中，时间长达三个多月。其间，她们白天不敢露面，吃饭全靠家人趁夜间无人时，悄悄送到燕耳岩洞。饿极了，她们就钻进深山老林，挖些野菜、采摘一些野果，白天不敢生火，只能在夜深人静的时候，生火将野菜煮熟充饥。没有衣服换洗，穿得破烂不堪、衣不遮体。深夜，三人抱成一团，盖着单被子。岩洞里蚊虫成群，叮咬得人难以忍受，她们就用单被子捂罩全身。长时间蓬头垢面，头上、身上虱子成堆，猛一看，犹如野人。那种艰难困苦，可想而知。虽然痛苦折磨着她们，但是她们革命意志坚定，没有卖身求荣，没有出卖、牵连革命伙伴。后来，在当地群众的掩护下，她们三个人才分别回到自己支离破碎的家。回家后，她们深居简出，继续支持亲人与敌人斗争。在离开燕耳岩时，她们将裁剪衣服的剪刀藏在洞中的石缝里，至今，遗物还在，她们的后代当作十分珍贵的纪念品保留在家中。

第五节　兵器厂

据史料记载，龙隐苏区设有一个兵器厂。但具体什么时间建厂，厂址在什么地点，没有明确的记录。本书编者多方调查，访问了许多老人，这些老人也只能转述父辈的讲述。1933 年，龙隐寺乡苏维埃确实设有一个秘密兵器厂和两处土雷制造点。兵器厂设在玄都观山下，黑塘沟跑马坪的徐怀通家。徐怀通家是铁匠世家，几代人都是铁匠，人人手艺精湛。虽然有铁匠手艺，能挣几个零花钱，但经常有土匪、恶霸地主来敲诈勒索，家中日子过得十分清

兵器厂旧址，浙水乡杨柳村徐怀通家旧居

苦。1933年，龙隐寺乡苏维埃政府成立，组建了苏维埃游击队，长期受欺压的徐怀通，正值壮年，怀着对土匪、恶霸的仇恨，毅然参加了游击队，成了一名游击队队员。当时，游击队没有任何兵器，在苏维埃政府的动员下，他家便主动承担了为游击队打制兵器的任务。特殊时期，苏维埃政府工作人员指示他们，制作兵器的事不得公开，只能秘密进行。就这样，苏维埃秘密兵器厂在徐怀通家成立了。兵器厂以徐怀通家为主体，游击队负责人为成员，游击队负责收集打造兵器的原材料，徐家打造兵器。徐家徐怀通抡大锤，妻子拉风箱，父亲掌钳，一家三口人在周围有人时，就为人打锄头、镰刀、钉耙之类的农具，无人时，就利用游击队收来的旧铁，为游击队打造大刀、长矛、匕首、火药枪等兵器。为游击队制造了不少武器。1934年红军进入苏区后，他们在两个多月里，给红军打了20多把大刀、10多把匕首。1935年，红军走后，还乡团曾极力追杀他们父子，但他们的兵器厂是秘密进行兵器制作的，知道他们为游击队、红军打造兵器的人不多，敌人抓不到把柄，且有游击队暗中保护，他们父子在外躲避几个月后，才幸免。

苏区还有两处土手雷制作点。一处设在龙隐寺西边的两个山洞，一处设在玄都观山下的燕耳岩。土手雷是当时游击队员自己发明的，俗称"弹子"。当时没有铁水交铸的土手雷外壳，他们就用一种桐油浸泡过的厚纸制作成外壳，内装硬石块、铧铁，再装上黄色炸药和火药，用细麻绳紧紧捆牢，制造成拳头大的炸药包。这种炸药包着地即爆，石子、铧铁顿时飞出一大片，很有杀伤力，所以称之为土手雷。土手雷在四坪里战斗、玄都观战斗、渡江战斗中都起到了很大作用。1934年，龙隐寺乡苏维埃的土手雷制造点，还为红军制造了几十个炸药包。炸药包制造仍然采用制造手雷的方法，将石块、铁块、炸药装入麻袋片中，包裹严实后，用麻绳捆紧。再用小竹筒装上黄色炸药作为拉火管，在拉火管内放两块小铁片，在两块小铁片上拴上一根绳，将拉火管安插在炸药包内，使用时拉动拉火管的绳索，拉火管内的两块小铁片碰撞起火引爆黄色药，既而引爆炸药包，其杀伤力比土手雷更大，用于炸毁碉堡和群体性敌人。

第六节　抬渡船

据有关资料记载，龙隐苏区曾组织了17名青年——李真德、徐泽祥、李万生、李秀刚、刘湛恩、刘春恩、李秀华、文金财、徐仕恩、李斌德、张明星、孙远宗、薛玉银、李秀福、曾善禹、韩森林、韩文林——由乡苏区游击队队长梁从善带领，配合三川区苏维埃政府组织的30多名青年，在距龙隐寺50里的三川区石门河，将两只民用木船和50捆竹子抬回龙隐寺。为躲避敌人，他们夜行山路，跋山涉水、翻山越岭、绕过密林，饿啃干粮、渴喝凉水，历经三天三夜50多里的路程，才将船和竹子抬到龙隐寺周围的密林中

红军做木筏用斧

藏起来。据几位90多岁的老人讲：1934年腊月间，来了许多红军，屯兵在龙隐寺周围的山洞和石岩中准备渡江的木船、木筏子。在龙隐寺乡苏维埃政府的领导下，苏区人民自发地捐树、捐木、捐竹子为红军渡江做筏子。据不完全统计，仅龙隐寺村苏就捐出树木300多根，竹子数百根。据老人们讲：龙隐寺山下白石岩李家院子的李秀仁家，是一个十一口人之家，家境一般，但山林树木较多，因而当地恶霸经常欺压、盘剥、抢劫他家财物。李秀仁对国民党、土豪恶霸深恶痛绝，有着刻骨的仇恨。1934年底，红军准备渡江的木船、木筏需要大量木材。李秀仁因红军来到龙隐寺后秋毫不犯很受感动，发自内心地热爱红军。当苏区干部找到他时，他立即带领苏区干部和红军战士来到他家的山林边，指着树林说："这边树林都是我家的，你们看哪些树用得着，找好的砍，不管砍多少都行。"就这样李秀仁慷慨为红军做木筏捐赠柏树30多根，红军为了感谢李秀仁为渡江慷慨相助，临走时将一把宣花斧（一种伐木用的钢制大斧，斧头口宽约5寸）送给李秀仁留念。这把宣花斧一直保存到现在。1935年3月26日，龙隐寺乡苏维埃游击队员和红军战士，将藏在龙隐寺山林中的两只木船和十多只木筏抬到鸳溪石锣锅河渡口和小浙河渡口，民众还主动将自家的案板、门板、样桶、木梯等送给红军，为几天后红军强渡嘉陵江战斗的胜利奠定了可靠的物质基础。

第六章　捐躯沙场垂英名

1935年初红军渡过嘉陵江长征后，苏区人民在白色恐怖和还乡团的血腥镇压下，继续与敌人进行着不屈不挠的斗争。苏区干部和很多红军亲属被残害，他们的事迹与捐躯沙场的红军战士一样可歌可泣。青山不老，英名永垂！

第一节　红军战士遭残害

在龙隐寺山下的铧厂沟（五龙镇青凤村三组、五龙镇龙隐村六组）一直流传着一名红军战士遇害的悲惨故事。

1935年4月，一名年轻红军战士，据说是西充人，在苍溪黄猫垭战斗中负伤，但还是坚定地跟着红军大部队参加强渡嘉陵江的战斗，急行军走到三川区程家坪（苍溪县两河乡友谊村）时突发高烧晕厥过去。红军领导把他安排在一户姓程的人家休养。在这位姓程的老百姓的照料下，第四天病情有了好转，红军战士要求去找部队。程家坪苏维埃派了两名游击队员护送这名红军战士去鸳溪渡口追赶部队。当走到五龙乡第三保保长牟绍修家门口时，被保长牟绍修发现，牟绍修阻拦盘问："你们是干什么的，到哪里去？"红军战士答道："我是红军，因负伤得病掉队了，现在过江找部队。"护送二人向牟保长讲了这名掉队红军的经历。牟反对共产党，害怕红军，便起了歹心要杀掉这位红军战

无名战士牺牲的铧厂沟黑瓮塘

士，但他又不敢当着护送人面当场杀人，便假惺惺地向护送人员说道："把他交给我，我知道去鸳溪的路，我来送他。"护送的二人不知真相，就将红军战士交给牟绍修后返回了。护送人走后，牟找来甲长陶二盖等几个人将这名红军战士捆绑，缴了大刀，红军战士知道上当了，便向牟说："我是红军，我要到前线去打仗，放了我吧，我会感谢你们的。"牟说："我们是要救你，你就跟着我们走吧。"说着便叫陶二盖用绳子牵着红军战士向鸳溪方向走去。牟绍修早就和陶二盖商量好了，走到铧厂沟黑瓮塘的石嘴处停了下来，对红军战士说："我们现在来救你，送你回老家去！"说着一刀向红军战士的脖子砍去。就这样，红军战士年轻的生命被残酷的刽子手夺走了。

铧厂沟的老百姓目睹了这一悲惨场面，义愤填膺，纷纷拿起锄头、扁担追赶牟、陶二人，要他们偿命，吓得牟、陶二人慌忙鼠窜不敢露面。铧厂沟两个张姓年轻人，冒死把这位红军战士掩

埋在铧厂沟黑瓮塘旁边荒丘的密林中。据说 20 世纪 70 年代，有人来铧厂沟黑瓮塘寻找过这位红军战士的坟墓。

第二节　宁死不屈英雄汉

本节记述苍溪县鸳溪镇党委原副书记杨开文（82 岁，鸳溪镇龙岩村人）讲述他二爷爷杨长贵烈士的事迹。

我二爷爷杨长贵身材魁梧，1933 年至 1935 年 3 月期间，在担任龙岩村苏维埃主席时，大力宣传中华苏维埃政府和中国工农红军的路线、方针、政策，带领村游击队沉重打击了当地土豪劣绅，并参与了四坪里战斗、玄都观战斗、尖山子战斗，是一位英勇的游击队员。1935 年红军走后，国民党反动派和还乡团疯狂地屠杀苏维埃政府工作人员，我二爷爷是被追杀的重要人物。为躲避追杀，我二爷爷暂时躲到铧厂沟亲戚牟绍尧家中。有一天听说一位受伤的红军战士路过铧厂沟时被杀害，想出来看个究竟，不幸被一个牟姓人发现并立即密告了住在龙岩村冉家山的国民党团匪。那是 1935 年农历 5 月底的一天，国民党团匪迅速追到铧厂沟牟绍尧家，我二爷爷躲之不及，藏在房后的石板墙里，不慎衣衫一角露在外边，被一个冉姓匪徒发现，一刀戳进去，深深地戳伤了二爷爷的大腿，顿时鲜血长流，不能动弹。匪徒们一拥而上，把二爷爷拽出来按倒在地，用棕绳将其手脚捆绑。那天二爷爷在亲戚家喝了些酒，腿又深受刀伤，若要是平时，那天来的几个匪徒根本不是他的对手。匪徒们找来一根木杠子，从捆绑的手脚中间穿过（俗称穿心杠子），两人一班换着将二爷爷抬往冉家山大院子。二爷爷是一条硬汉，虽然腿受重伤，手脚被捆绑，仍是用力反击，在杠子上奋力蹬打，口中不停地痛骂这帮匪徒。到了冉家大院子后，匪徒们要他交代苏区其他干部的下落，他誓死不肯说出其他苏区干部的名字，还愤怒地骂道："你们杀了红军，杀了苏区干部，你们要短命！"并大声呼喊："中国工农红军万岁！"匪徒气急败坏，一个姓冉匪徒，用大刀杀害了二爷爷。中华人民共和国成立后，人民政府在纪念英烈时，二爷爷的英名被刻在广元太公乡英烈纪念碑上，后由广元市人民政府搬移到广元红军纪念馆。苍溪县人民政府在修建英烈纪念馆时，也将我二爷爷的名字刻在了英烈纪念碑上，我们曾多次到苍溪红军渡英烈纪念馆哀悼我二爷爷。

第三节　一腔热血洒故土

韩学荣，出生于苍溪县浙水乡三台村六组一个贫苦农民家中。当时的恶霸地主把他家中的田地山林全部霸占，全家只能当佃农，只能在稻草堆中过了一个个寒冬。弟兄姊妹虽多，但大多冻饿而死。父母劳累过度也早早离开了人世，只剩下他与弟弟韩学武相依为命。年幼时，韩学荣给地主看牛放猪，年岁稍长就替地主恶霸从广元、苍溪贩布匹，背盐巴。因此他消息很灵通，当他知道苍溪李蕴璞等地下党员组织革命武装，成立农会，发动民众时，便毫不犹豫地参加了农会，加入了中国共产党。1933年，他开始组织游击队，经常活动在永宁、五龙、浙水、鸳溪的四方山、古楼山、弓山岭、干柏梁、钟宝山、新店子一带，不久就担任了四乡游击大队队长，打土豪、惩贪官，扶困济贫、锄奸惩恶，保护一方百姓的安宁。

1934年冬天的一个下午，天气十分寒冷，暴风雪狂卷怒号。韩学荣请求上级同意，带着两个贴身警卫，迎着刺骨的寒风，冒着漫天飞雪，毅然踏进了地主民团和白匪军的巢穴——圆宝石河岩洞，给这些蒙昧顽冥的匪兵宣讲革命形势，讲述革命道理，说服他们下洞各自回家，不再为非作歹，为今后红军顺利西渡嘉陵江扫除障碍。

圆宝石河岩十分陡峭，刀削斧切般的大块崖壁上凿有可容纳数百人的大石洞，这是白匪军沿嘉陵江防止红军渡江所凿的千百个洞之一，韩学荣利用悬崖吊篮进入洞中后，把他的警卫安置在隔壁的洞中。保长韩荣中假惺惺地拉乡邻关系，寒宣一番后，首先发难，责备打死韩华林，指使群众造反。韩学荣面对黑压压一大群匪兵，义正词严地指出："你们这些匪兵多年来为害乡邻，偷鸡摸狗，强征强拿，弄得民怨沸腾，鸡犬不宁。"驳得他们哑口无言。接着匪兵大头目马向才以刘湘大军压境，将马上围剿红色革命武装，威胁韩学荣解散队伍，投靠白匪军。韩学荣针锋相对、大义凛然地分析革命形势："今年4月，三堆石游击队独立营在红山庙一带控制了嘉陵江以东二三百公里之地；6月，中国工农红军已进入苍溪东河地区，严厉打击地主豪强，镇压反动派；8月，红四方面军已解放仪陇、六合乡等地，成立了苏维埃政府；目前，红军已打进我县，活跃于高坡、白庙、老观、王渡一带。"他的这些宣传使反动头目更加害怕，唆使手下编了一个连环套绳，想勒死他。也许是洞中的光线太暗了，也许是他讲得太忘情了，也许是他说服这股土匪放下屠刀的心情太迫切了，连白匪军编织的绞绳在他头上试了几次大小他都全

韩学荣烈士纪念碑

然不知。他还对白匪兵们动之以情晓之以理，娓娓地谈道："乡亲们，我们的兄弟还时常被拉兵，我们的姐妹还过着衣难遮体、食难果腹的生活，我们的父母还住在上无片瓦下无插针之地的岩洞中，他们在血与火的苦难中挣扎着。中国共产党领导的革命斗争像火种在人民心中闪亮、燃烧着，他们为普天下劳苦大众掀起了波澜壮阔的大革命运动，来一个全人类的革命，使包括你们在座的各位每家都能耕者有其田、食者有其饭、穿者有其衣、住者有其房。我们组织的游击队就是怀着对阶级姐妹的热情和爱戴，怀着对阶级兄弟唇齿相依的深厚情谊而革命，你们说这不对吗？"这时许多匪军情不自禁地低下了头，韩荣中急忙暗示手下快动手，可两个刽子手见韩学荣身躯高大，犹如巍巍高山，体魄健壮似耸立的铁塔，坚毅刚强的长方脸膛轮廓分明，虎虎生威，浓厚的剑眉下明亮的大眼睛闪着火一般炽烈的光芒，他们被吓得瑟瑟发抖不敢下手。匪兵队长亲自动手，活活勒死了韩学荣，韩学荣牺牲时年仅 33 岁。

第四节　英雄头断阙子寺

1935 年，中国工农红军第四方面军强渡嘉陵江胜利后，为配合中央红军北上，撤出包括苍溪县在内的川陕革命根据地。红军走后，国民党反动派、反动民团、地方土豪恶霸组成"还乡团"进行疯狂反扑，大肆屠杀苏维埃干部和革命群众及亲属，手段之残忍、气焰之嚣张，滔天之罪，罄竹难书。

2018 年以来，本书编写组在挖掘龙隐寺乡苏维埃红色文化过程中，走访了原龙隐苏区各村组，拜访了许多老干部、老同志，他们年龄都在 80 岁以上，1933 年至 1935 年期间他们都还是小孩子。据老干部张仕林同志（浙水乡玄都村人，原浙水乡、伏公乡党委书记）和浙水乡杨柳村的老人以及文家梁文金财的侄孙们共同讲述：
文金财同志是当时龙隐苏区颇有影响的干部，忠诚于革命事业，笃
信共产主义，他革命事业心强，组织纪律性强，发动群众能力强，
组织交予的各项任务他都会一丝不苟地圆满完成。1935年红军西渡
嘉陵江走后，他仍然秘密地从事革命工作，当地恶霸李占奎对文金
财同志恨之入骨。1935年仲秋的一天下午，李占奎将文金财同志的
行踪密告于鸳溪阙子寺的国民党还乡团，还乡团匪徒即派原韩家沟
村苏一个姓韩的变节者冒充苏区通讯员，通知文金财到阙子寺参加
苏区干部会议。文金财同志是一个组织纪律性很强的人，接到通知
后便立即赶往阙子寺，刚刚走进阙子寺大门，大门内一匪徒便一刀
刺来，深深地戳进了文金财同志的胸腹，随即又是一刀将文金财同
志的头颅砍了下来。可惜这位优秀的苏区干部连杀人匪徒是谁都没
看清便命丧黄泉。匪徒们将文金财同志杀害后，将其尸体抛在阙子
寺荒山坡上，又将文金财同志的头颅提到永宁铺场上示众后抛到了
不知什么地方。文金财同志家住在龙隐寺山下的文家梁（浙水乡杨
柳村六组），当年家道中落，父母和三个哥哥均已去世，他有一女
一儿，女儿文克英、儿子文克恩当时都还年幼，他们一家与侄儿文
克福一家、文克洲一家、文克青一家及侄女文克会一家同住在一个
院子里。文金财被匪徒杀害后，他的尸体由侄儿文克福、文克洲、
文克青三兄弟在第二天晚上趁着天黑在阙子寺外的荒坡找到后连夜
悄悄抬回文家梁草草地埋葬在他父亲的坟旁边。文金财被杀害后，
还乡团还要疯狂地追杀文姓全家，叫嚣"文金财是'乌老二'，文
家是'乌老二'的黑窝窝，所以要杀掉他们全家"。在反动派的逼
迫下，文金财的妻子李氏逃至阆中地界躲藏，女儿文克英给玄都村
孙勤宗家当了童养媳，儿子文克恩藏于白鹤铺新店子下边的何家
湾后抱养给薛家改名薛兆文。文金财的三个侄儿曾是苏区游击队队
员，更是被追杀的对象。大侄儿文克福带着全家逃往五龙乡肖家

碥，二侄儿文克洲带着全家逃往三川寺邓家沟，三侄儿文克青、侄女文克会一家逃往五龙乡天池铺给地主家当长工避难。至此文家家破人逃，直至快解放时，文克青一家才搬回文家梁，文克会嫁与五龙乡天池铺一家姓王的人家为妻。文金财被杀后，因无人为其伸张，又无文史资料记载，这位当年龙隐苏区优秀干部的无头尸骨，在龙隐寺山下的文家梁静静地躺了八十多年。今天，我们在挖掘红军文化时拜访了多位老干部、老同志和文姓亲属，才还原了文金财同志的身份。

第五节　壮士喋血雕磨嘴

李万生同志，苍溪县浙水乡杨柳村三组人，生于1908年，于1935年9月在浙水乡三台村雕磨嘴被国民党反动民团匪徒残忍杀害，时年27岁。

李万生同志1933年参加革命，时任龙隐寺乡苏维埃三台村苏游击队队长。他出身寒门，深受地主剥削、恶霸欺压，过着衣不遮身、食不饱肚的艰难日子，年到10岁还赤身裸体，家中一贫如洗，父母兄弟一直给地主当长工维持生计。20世纪20年代，中国共产党领导的革命运动，用星星之火点燃了广大劳苦大众渴求翻身解放的熊熊烈火。1933年中华苏维埃政府成立、中国工农红军到来，大力宣传中国共产党的路线、方针、政策和中国工农红军的革命主张，唤醒了劳苦大众，使民众懂得了拿起武器推翻剥削阶级的反动统治才能翻身得解放的革命道理，指明了革命的方向和革命道路。血气方刚的李万生同志毅然参加了龙隐寺乡苏维埃政府组建的革命游击队，并到邻村——三台村苏担任游击队队长。自此，他以满腔的革命热情、高昂的革命斗志，宣传党的政策，组织带领游击队队员严惩恶霸地主韩华林、李占奎，积极参加中国工农红军在龙隐苏区进行的玄都观战斗、尖山子战斗和渡江战斗。他带领的游击队沉重地打击了地方恶霸地主的反革命势力，遏制了反革命的嚣张气焰。

1935年4月，中国工农红军西渡嘉陵江策应中央红军北上后，恶霸地主组成还乡团疯狂反扑，残忍地杀害革命人士。李万生同志的一系列革命壮举，使还乡团恨得咬牙切齿。1935年9月的一天，还乡团利用叛徒，以"韩家沟游击队正与还乡团搏斗需增援"为幌子，将李万生同志骗至淅水乡三台村的雕磨嘴。当他走到雕磨嘴前一片稻田边时，还乡团一伙匪徒杀气腾腾地围住了他，李万生同志知道上当受骗了，但他依然大义凛然、慷慨激昂地宣讲中国共产党的政策、宣讲中国工农红军为人民打天下的革命道理。还乡团几名匪徒一拥而上不由分说地将李万生同志按倒在稻田里，用棕绳死死地套在李万生同志的脖子上，四匪徒分两边使劲拉勒。李万生奋力与匪徒搏斗，但终因寡不敌众而牺牲，年仅27岁。

第七章　红军战斗在龙隐

第一节　巧战告捷四坪里

　　1934年10月，红四方面军31军93师先遣部队从永宁铺、三川寺、白鹤铺等方向追敌于五龙场，又兵分几路追敌，一路从鸳溪新庙梁追敌于鸳溪渡口，一路走龙隐村的猫儿嘴追敌于鸳溪镇阙子寺，一路从龙隐村曾家梁追敌于龙隐寺。红军约一个排的兵力，行军到龙隐寺曾家梁时，已近黄昏，前方侦察小分队报告：国民党溃兵和反动民团匪徒约一个连的兵力，蜷缩在龙隐寺庙内，荷枪实弹，准备阻击追击的红军部队，要决一死战。红军指挥员得知敌情后，立即命队伍隐藏在曾家梁鬼推磨密林中，找来苏区闹革命的积极分子，勘察地形，分析敌情，考虑到敌众我寡，不能强攻，只能智取。在苏区游击队和群众的配合下，用了近两天时间，在距龙隐寺约500米的四坪里打了一场漂亮的歼灭战。

　　参加过四坪里战斗的老红军张文敏、孙邦成健在时，曾在龙隐村三组李正荣家做客时回忆过那次战斗：1934年农历十月初的一个傍晚，红军约一个排的战士追敌于龙隐寺薛家梁时，发现龙隐寺敌情，立即派出小分队进行侦查。通过对敌情的分析，决定智取龙隐寺

四坪里战斗发生地

之敌。苏区游击队与红军战士一道，用了两天时间秘密地在薛家院子前面的苏皇包上挖掘战壕，搭建掩体，准备战斗。红军排长把红军战士和当地游击队兵分三路：一路趁夜从韩家碥（新梁六组）青岩子弯包抄上山，攻打龙隐寺左侧；一路迂回至文家梁，从洞岩碥上山，攻打龙隐寺右侧；一路正面防守，攻打龙隐寺正面，引蛇出洞。当时参加四坪里战斗的游击队队员有薛玉申、张文敏、徐怀良、薛江洲、韩毛子、李玖德、孙帮成、曾元红等20多人，加上红军战士，足有半个连的兵力。半夜子时，红军左右分队已包围了龙隐寺，正面防守的部队立即发起进攻，顿时枪声大作，蜷缩在龙隐寺内的敌军仓皇奔出庙门，用机关枪一路扫射直扑红军阵地（苏皇包）。红军指挥员见"引蛇出洞"的战术成功，立即命令全军出击。龙隐寺左右兵力从龙隐寺山上追敌尾部压将下来，苏皇包阵地正面迎敌，喊杀声震天，枪声密布，红军和游击队把全部敌人压制在苏皇包山脚下的马桑包和四坪里中间的狭窄地段。敌人乱作一团，一股敌人还想凭借马桑包斜坡地段负隅顽抗，我军的手榴弹、弹子雨点般地投向敌人，炸得敌人四处逃窜，溃不成军。战斗约打了两个多时辰，击毙敌人3人，俘虏敌军4人，天亮后打扫战场，

共缴获各类枪支 10 多支。红军轻伤 6 人，重伤 1 名，在四坪里打了一个漂亮的歼灭战。

第二节　红军智取玄都观

玄都观在距龙隐寺乡苏维埃政府驻地约 2 公里的一个山梁上，是广元至苍溪县城必经古道的隘口，是国民党江防的第二道防线。1934 年冬月初，国民党苍溪县民团陶子征部、四川军阀田颂尧部一个连（国民党部队连长姓王）、龙隐寺四坪里战斗败走的残兵共 100 多人，驻进了玄都观内，在玄都观周边构筑工事，妄图凭借玄都观地形优势，居高临下，对抗追剿残匪的红军。红 31 军 91 师 274 团某连毛连长受命攻占玄都观，消灭玄都观守敌。毛连长率部来到玄都观山脚下，立即召集龙隐寺乡苏维埃游击队骨干力量，屯兵于盘龙包周边的岩洞中，派出小分队和地方游击队一起，冒充国民党民团的士兵和送粮的农民，混进玄都观侦察观内守敌的情况和军事构筑情况。侦察人员回来报告道：寺内守敌有 100 多人，主要敌人是陶子征民团部和敌王连长率的一个连，士兵纪律涣散，当官的烧烟、赌博，周边工事较坚固，武器装备较强，给养较充足，只有饮水困难，如若强攻，阻力和伤亡会很大。毛连长听完侦察员汇报的情况后，找来游击队队长梁从善，共同研究攻占玄都观作战方案。据参加过玄都观战斗的老红军张子浩老人和李辉德老人回忆，红军一个排的部队加上地方游击队约一个连的兵力，全部藏匿在盘龙包周边燕耳岩和其他洞中，每天只派小股兵力阻挠敌取水，或骚扰哨兵，再三三两两派人混入敌营，散布"没有几个红军"的消息麻痹敌人。

红军在盘龙包龙脊梁和玄都观至花庙子道路两侧构筑工事，同

玄都观战斗红军指挥所遗迹

玄都观战斗红军掩体遗迹

时派出兵力，从玄都观两侧的悬崖上爬至玄都观周围，隐藏在两旁的山洞和丛林中。初六大清早，红军派出一个排的兵力，从玄都观正面发起攻击，敌哨兵急报观内敌军官，混入观内的我方人员趁势鼓动敌军官，"红军人少，不如全部出动一举消灭红军"。敌人见红军攻势较猛即派出约两个排的兵力，疯狂扑下山来。红军打入敌营人员，迅速控制观内弹药库和留在观内的敌人。隐藏在玄都观两侧的红军和游击队迅速攻击玄都观，从玄都观后面压将过来。路两侧的红军和游击队员凭借简单工事，用自制土雷、步枪、火药枪一齐向敌人猛射，前后左右夹击敌人，把敌人打得晕头转向，乱作一团。潜入敌营的红军趁机占领了敌人老巢，一并压将过来，战斗打得十分激烈。双方对阵一上午，敌人伤亡过半，只得拼命夺道，溃逃至敌军的另一处防线——尖山子。红军迅速打扫战场，占领了玄都观，取得了玄都观战斗的彻底胜利。战斗中，我方击毙敌数人，缴获枪支数支、弹药几箱；我部牺牲了几名红军战士和游击队员，20多人受伤。20世纪70年代修公路时在玄都观的山腰处和山梁上发现尸骨，山上工事依稀可见，还有村民拾得子弹，这些都是当年战斗的遗迹。

今天，玄都观庙宇早已被拆毁，但鲜血洗浴过的玄都观风景秀丽，英烈忠魂永存，革命丰碑永垂不朽。

第三节　子夜攻战尖山子

1934年冬至1935年初春，红四方面军为粉碎蒋介石"川陕甘鄂会剿"，在苍溪取得了反"六路围攻"的胜利，收复并扩大了在苍溪的根据地。1935年春，红四方面军决定在苍溪强渡嘉陵江，接应中央红军北上的战略转移。红31军93师从广元、王家坝、永宁、五龙等方向追击国民党残兵，收复失地至龙隐苏区，先后取得了四坪里歼灭战、玄都观战斗的胜利，压制敌人于龙隐苏区以南的尖山子。

尖山子距龙隐寺约3公里，距嘉陵江小浙河渡口约1公里，山峰突兀，地势险要，是嘉陵江小浙河渡口的"门锁"，易守难攻。1934年冬，四川军阀邓锡侯、田颂尧奉蒋介石之命，分兵把守苍溪至广元的嘉陵江两岸。1934年冬，田颂尧一部王团总的一个营，加上苍溪县陶子征民团的一部分敌人，约有两个营的兵力，困守嘉陵江小浙河渡口，在尖山子构筑了坚固碉堡和战壕（遗址尚存），妄图凭借山高地险、工事牢固的优势，阻止红军渡江。

据参加过尖山子战斗的老红军陶伦传（20世纪60年代任南充军分区政委）、徐世良（中华人民共和国成立后任云南省林业厅厅长）、李辉德（中华人民共和国成立后任河北省沙河市副市长，包

尖山子战斗红军战壕遗迹

尖山子战斗发生地

头钢铁厂党委书记）、张子浩（中华人民共和国成立后任太原铁路局副局长）等多位老前辈回忆：1935年3月初，红31军93师274团毛连长部和龙隐寺乡苏维埃游击队队长梁从善带领的游击队，经过几天的侦察，摸清了敌情后，运用我军夜战和游击战的战术，在尖山子周边的马家地、内谷包、徐家嘴等地每隔五六十米放一堆干柴。3月初的一个晚上，午夜后，红军和游击队集中兵力，首先攻占了尖山子以东的燕耳岩前敌阵地，摧毁了敌碉堡战壕，发出了三颗总攻信号弹，毛连长即命令各地将柴火点燃并鸣枪和放鞭炮，并向尖山子敌指挥部推进。战士们点燃火把扛在肩上，向尖山子方向移动，顿时，遍山都是火把，枪炮声齐鸣。敌王团总部和陶子征民团的敌人顿时吓得魂飞魄散，认为大军压境，在劫难逃，慌忙沿嘉陵江岸流窜。红军毛连长部和早就隐藏在尖山子后山张家院子张淮成家的红军一个排的战士，势如破竹，以迅雷不及掩耳之势，迅速攻占了敌尖山子指挥部，击毙了负隅顽抗的敌人，缴获了大量枪支弹药。敌人一支小队趁天黑渡过嘉陵江小浙河渡口，其余部分沿嘉陵江东岸逃到洄水坝上游、嘉陵江边的沙溪浩口，趁天蒙蒙亮的时候，驾船西渡至嘉陵江西岸。红军继续向张家坪、陶家湾方向追击。守在河西的王团总余部，见尖山子高地已被攻破，连夜往东青方向逃窜。红军巧用夜战的战术，用极小的代价取得了尖山子战斗的胜利，摧毁了敌人企图阻止红军渡江的最后一道屏障。

第四节　突击强渡石锣锅

据文史资料记载，1934年底，中国工农红军第四方面军在粉碎敌人的"六路围攻"之后，川陕革命根据地的元气也受到了严重损伤。战斗中，红军牺牲了一批优秀战士，根据地也因战争破坏呈现出灾难景象。良田荒芜、十室半毁、新冢满目，不少地方成了废墟一片；加之在粉碎"六路围攻"中，红军于1934年2月至9月收缩阵地撤出部分根据地时，国民党反动派趁机疯狂反扑，杀害了大批根据地革命者，导致根据地人民的革命热情降低。红军粉碎了蒋介石"六路围攻"，使蒋介石大为震惊，为稳定国民党在四川的统治，蒋介石积极布置对川陕革命根据地新的围攻——"川陕会剿"，根据地革命形势极其险恶。为了迅速恢复和加强根据地的各项工作，巩固胜利成果，红四方面军总部决定准备一切力量，冲破"川陕会剿"，暂时放弃向川西转移的计划。红四方面军总指挥徐向前从陕南率军回师嘉陵江一线，西渡嘉陵江，策应中央红军北上。

嘉陵江为巴蜀四大名川之一，发源于陕西凤县的嘉陵谷，由北向南至重庆与长江汇合。嘉陵江蜿蜒于深山峡谷之中，或两岸平缓、江阔水深，或险崖绝壁、江流湍急。蒋介石命川军53个团的兵力布防于嘉陵江两岸。红四方面军为扫除渡江障碍，红30军、红9军、红31军各一部在广元、苍溪沿江两岸向川军发起攻击，消灭了川军大部分有生力量，基本控制了嘉陵江南岸地区，积极准备渡江物资，训练渡江技术。

中共苍溪县委党史研究室编著的《血沃苍山》一书记载：1935年2月中旬，红四方面军总指挥徐向前、副总指挥王树声和王维舟等，带领参谋人员，翻山越岭沿嘉陵江步行300余里察看地形、寻找渡口、制定方案。决定在苍溪、阆中地区分左、中、右三路强渡嘉陵江。红31军在苍溪以北嘉陵江的小浙河渡口、石锣锅渡口、鸳溪寺渡口一线强渡嘉陵江，进而夺取剑门关要塞。2月底，红31军将士数人沿嘉陵江的小浙河、石锣锅、鸳溪寺等渡口再次进行勘察，他们沿着嘉陵江南岸穿密林、过险崖、跋山涉水反复勘察渡口水势地形，侦察敌江防部署、工事及火力配备，描绘渡江地图，记录渡江路线，经两天的仔细勘察后返回苍溪。在充分分析沿江地形、敌情后，总结了1935年1月24日红31军91师在鸳溪石板桥渡口试渡经验。91师曾挑选38人组成突击队试行偷渡。因敌防守严密兼地形十分险要，渡江未果，38名红军战士除两名幸存外全部壮烈牺牲。这次就偷渡失败的教训，对几个渡口做了充分的比较和分析：鸳溪渡口水流湍急、地势险要，敌人防守严密；小浙河渡口地势狭窄，不宜屯兵和展开作战；然而距小浙河渡口约5公里、在鸳溪渡口下游约4公里的石锣锅河渡口（龙隐寺乡苏所辖）附近，嘉陵江有一道大的转弯，形成一段回水沱，渡口处水流较缓慢，渡口西边河滩叫大巴口，河滩暴露面积不大，过河后一道深沟直通剑阁鹤龄寺，深沟两旁是山坡密林，极好隐蔽作战，此渡口亦是古剑巴蜀道上一个便捷渡口。大巴口河滩旁的一块大石头上有一个大的圆形凹坑，在凹坑上放上锣锅就可以烧水煮饭，因而计以千百年来，人们称此渡口为石锣锅河渡口，有一段民谣说："大巴口旁石锣锅，灶头朝着小浙河。船拐（工）行人在此歇，烧锅煮饭蒸馍馍。"石锣锅河渡口以东是龙隐寺乡苏区，群众革命热情高，从龙隐寺至罗家沟至炎灯山直达石锣锅河渡口，沿途山高林密，地形开阔，非常利于大部队运动。会议决定，由红31军91师一部佯攻鸳溪渡口，一部组成突击队，隐蔽地从石锣锅渡口强渡。红31军93师迅速跟进消灭敌人，直奔剑门关要塞，小浙河渡口亦作强渡佯攻之势。

　　1935年3月28日，红31军91师一部按照红四方面军渡江方案，将部队从龙隐寺运动至石锣锅河渡口东岸炎灯山下的干柏梁，渡江指挥部移至阙子寺，继而移之炎灯山前的山嘴上。部队偃旗息鼓，行动不吹号、做饭不冒烟，隐蔽地埋伏在石锣锅河渡口东岸的密林中。

　　3月29日晚，红军强渡嘉陵江战斗开始。嘉陵江石锣锅河渡口，河水缓慢地流淌着，渡口下游的回水沱，河水一个漩涡接着一个漩涡地向下游流去，江面一片寂静，早春的河风吹得人们瑟瑟发抖。91师渡江突击队踩着冰冷的河水，迅速将事先准备好的渡船悄悄地推入了江中，30多名红军战士迅速登上渡船，用力划向对岸，通过河滩的大巴口迅速钻进了渡口西岸的杨家坡密林，以控制敌防工事。渡船回东岸渡运第二梯队时，被敌人发现，敌人用机枪猛射渡船，雨点般的子弹落在渡船上，击伤了几名红军战士，这时已过

红31军指挥所旧址

石锣锅河渡口旧址

江的突击队战士迅速插入敌阵地，将几颗手榴弹绑在一起投入敌工事，摧毁了敌防工事，消灭了小股江防敌人，缴获了敌人机枪。后续部队迅速跟进，过江后与突击队合成一队，迅速向纵深突击，一举歼灭了距石锣锅河渡口西约2公里的府君庙里睡意正浓的敌人，又兵分两路横扫沿江防敌。与此同时，在石锣锅河渡口下游的小浙河渡口，红31军93师一部和龙隐寺乡苏游击队一道，放着鞭炮，零星射击河西敌江防阵地，虚张声势，佯攻渡江；在石锣锅河渡口上游的鸳溪渡口，从3月28日夜开始，红31军91师一部和苏区游击队一道，从新庙梁、垭口梁等地，打着火把、点上马灯，浩浩荡荡直奔鸳溪渡口，营造出大部队要从鸳溪渡口渡江的态势。这时，嘉陵江上的小浙河渡口至鸳溪渡口西岸沿江十多公里的江防敌人慌了手脚，首尾难顾，乱作一团。已渡江的部队迅速歼灭了沿江守敌，继续向纵深推进，直奔剑门关战场。29日天刚亮，按红31军渡江方案，红31军93师大部在石锣锅河渡口与苏区游击队一道，迅速用渡船将木筏、门板、案板、木梯等载入河面上连接成浮桥，红31军91师与突击队共同歼灭了防守在鸳溪渡口西岸石盘梁的敌人后，也迅速在鸳溪渡口搭起浮桥，把沿江的渡船集中于小浙河渡口。自29日凌晨起，红31军93师从龙隐寺乡的小浙河渡口、石锣锅河渡口渡江；红31军91师大部从鸳溪渡口渡江。渡江后，两个师一并西进，夺取了剑门关要塞，继续西进，配合中央红军北上。老一辈在世时讲：从南江、巴中、旺苍、永宁、三川方向赶来的红军，不分昼夜地过了三四天，白天红旗漫卷，夜晚火把通明。烟波江上，人流如潮，数万红军有如不尽铁流滚滚而来，浩浩荡荡跨江而去。

第八章 历史文物显精神

　　龙隐，一个古老而神奇的地方，大自然赋予了这片土地无数稀奇的珍宝。古寺、古柏、奇石、岩洞、古道，蕴藏着深厚的文化底蕴，郁郁葱葱的森林、星罗棋布的山间水系、广袤的黄土地，人们繁衍生长，生生不息。

　　龙隐寺：龙回隐峰，三进四合大院，青瓦覆面，翘角金铃，云环丛翠，霞蔚云蒸。红军曾在此运筹帷幄，决胜渡江。

　　古柏：挺拔高耸，形态各异，直入云天；国有森林，苍松翠柏，郁郁葱葱。红军曾在此以树为塔，站岗放哨，以林为营，屯兵练军。

　　古道：袅袅婷婷，通达千年，不改初衷。红军曾在此古道上浴血奋战，直至胜利。

　　岩洞：悬崖生岩，峭壁凿洞，一线见天，深邃奇妙，巧夺天工。红军曾从此直捣敌营。

　　奇石：天生地造，千姿百态，美轮美奂。红军曾在石旁借古喻今，发动群众。

水井：高山不涸，清凉甘冽，养育生灵。红军曾在此亲手挖井，惠泽民众，流芳千古。

山峰：群山浪涌，沟壑交错，峰峦叠嶂，陵江湖水，源远流长。红军曾在此登山远眺，勾画蓝图，决胜千里。

红军在龙隐苏区播下了革命的种子，传承红色基因。当年红军战斗过的每个地方都曾经挥洒过红军的汗水和鲜血，为了纪念红军，人民群众把红军战斗过的地方的人、事、境、物铭刻在心，因为每一棵树、每一块砖、每一条小路都留下了当年红军的英雄形象和英勇战斗的壮举，每件用过的物品都有一个刻骨铭心的故事。今天健在的百岁老人诉说着红军的事迹，他们是历史的见证者。当我们采访交流时，老人们总是激动地诉说着一个个鲜为人知的故事，使活着的人心灵震撼，不忘初心，发扬红军精神永远前进。

第一节　红军帽

天生奇石，惟妙惟肖，时移世变，亘古不改，赋予人们无限遐想，留下诸多美妙传说……

龙隐寺南边有一山峰叫盘龙包，盘龙包东边半山腰，有一块天然灰麻花石，约2立方米，重约5吨，酷似一顶帽子放在半山腰的密林中，人称"官帽石"。

据龙隐村三组的李治德老人（生于1927年）回忆：1933年，在龙隐寺国民小学教书的李毓秀，是龙隐寺乡苏维埃政府副主席，他经常以家访的形式，深入到农户中，宣传中国共产党、中国工农红军的路线、方针、政策。组织青年到寺内学文化、灌输革命思想，还经常带着学生到野外开展形象教育。有一天，他带着十来个学生，走到盘龙包半山腰，指着这块酷似红军八角帽的"官帽石"

说："孩子们，共产党、红军是为我们劳苦人民翻身做主人打天下的。得道多助，失道寡助，你们看，这块石头多么像红军戴的帽子啊，天降红军帽石头在此，预示着共产党要实实在在地得天下。红军必然胜利，这是天意。"他让孩子们坐在帽子石边，在密林深处，绘声绘色地讲述自1921年中国共产党成立以来，组织、领导中国人民推翻"三座大山"，

红军帽

谋求民族解放的革命道理和中国工农红军艰苦卓绝的战斗故事。李先生的讲述，在孩子们的心中留下了深刻印象，为他们中间大多数孩子参加红军、走上革命道路奠定了思想基础。孩子们久久地围坐在这块石头边，凝望着酷似帽子的石头，回味着李先生讲的红军英勇顽强的战斗故事，随即异口同声地说："就叫这块帽子石头为'红军帽子'石头吧！这是一个永恒的标志。"从此"红军帽"的故事广为流传，军帽石至今还留在盘龙包的半山腰。

第二节　红军树

敬柏为神，其风久远。现代川北人仍沿袭古人之风，将柏树视为"神"物。凡有求神灵保佑者，皆在古柏上系红布或挂红纸笺以示崇敬。修房立屋，柏树均为栋梁之材，做棺材也必用柏树。古柏森森，形态各异。祖先因其外形、风姿和传说，赠予它们很多雅名，赋予丰富的人文内涵，如："狮子树""龙头树""凤冠树""独柏树""笔杆树""笔架树""七姊妹树"……龙隐寺山门外，曾有十几棵数百年的古柏树，其中两棵大柏树最为壮观。一棵大柏树，树干笔直，枝繁叶茂，树尖像笔尖一样直指天空，称为"笔杆树"。一棵大柏树，自树干中腰分岔，生长成一棵三根树干的大柏树，三根树干都笔直生长，枝叶茂盛，酷似一个硕大的笔架，名为"笔架树"。两棵树前有一口四方水池，常年积水不干，酷似一方砚台，称为"砚台石"。当年红军在"笔架树"树干上搭建哨棚，站得高看得远；游击队队员、童子团团员轮班在哨棚里为苏维埃政府站岗放哨，随时观察龙隐寺山下几条道路上的动静，保卫着苏维埃政府的安全。庙门前的大树干上都粘贴着苏维埃政府和红军书写的标语。"苏维埃

笔架树称为"红军树"

政府是广大劳动人民的政府！""苏维埃政权是人民的政权！""中国工农红军是劳苦大众自己的队伍！""参加红军保护穷人自己的利益！""参加红军，穷人坐天下！"等几幅标语特别醒目。红军流动学校经常召集游击队队员、童子团的孩子们坐在大树下，教员在大树干上挂上黑板，一字一句地教他们识字学文化。红军战士经常带领游击队队员在树下操练军事本领，讲述红军故事。1935年红军走后，国民党反动派的民团、还乡团对龙隐寺及周围的一草一木都恨之入骨，他们捣毁了寺庙里的设施，寺门外的古柏被砍伐，砚台石被捣毁。反动派的暴行激怒了周边民众，民众拿起锄把、扁担奋起反抗，才保住这棵"笔架树"。这棵古柏顶风傲雪，郁郁葱葱地挺拔在龙隐寺的山峰上，像当年红军战士一样，守护着龙隐苏区这片热土。人们怀念红军，留恋古柏，亲切地称呼这棵古柏为"红军树"。

第三节　红军井

万物滋生全靠水。龙隐寺位于山顶上，海拔800多米，寺庙饮水全靠从寺东山脚下的水头子岩的水井中人工往上挑水。水头子岩水井与（薛家梁）方石头水井一样，自古以来一股山泉长年从石缝中不断流淌出来，先人们在出水口筑成水井供

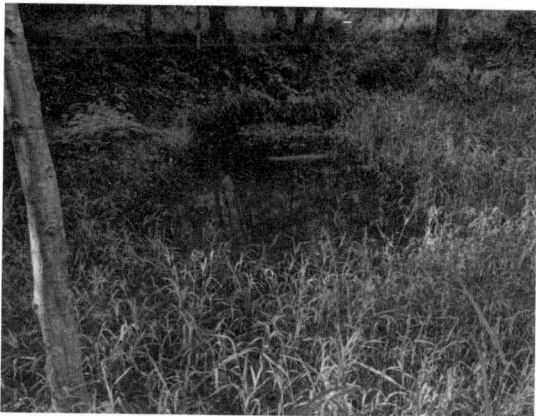

红军井

人取用，水井中的山泉水冬天冒着水雾、夏天透着凉气。相传，龙隐寺有一个规矩：凡寺庙中僧侣道士每天清晨鸡叫三遍时都要下山从水头子岩水井中往寺庙里挑不少于二担水，水头子岩水井距寺庙有200多米，中间全是石坎陡坡，一年四季不管刮风下雨、打霜下雪，每天如此，不得懈怠。（庙会期间，到寺庙求神拜佛的青年男子，也必须到水头子岩水井中往寺庙里挑一担水。）龙隐寺庙山门外安放着一口大石水缸，寺庙住持规定每天必须保证盆溢缸满，供香客、行人饮用。龙隐寺游人、香客多，寺内僧侣道士又大多年岁已高，下山挑水就很困难。1933年龙隐寺乡苏维埃政府成立后，苏维埃政府工作人员和红军工作人员发现龙隐寺寺庙后面有处湿地，他们就在湿地处挖了一口长约5米、宽约3米的水池。水池挖掘好后，从坑底不断冒出水来，并长年不断，水池里的水清澈见底，完全可供人饮用。1934年的一天，龙隐寺小学教员李毓秀将学生带到寺院后面，指着水池说："这个水池是红军挖的，这里原来有个很小的水坑，红军为解决龙隐寺山高吃水困难的问题，扩挖成了水池，蓄水让人们饮用。饮水思源，吃水不忘挖井人。这个水池就叫红军井吧。"今天，寺庙后的水池还在，池水长年不干，人们仍称水池为红军井。

第四节　红军路

剑阁鹤龄到苍溪至巴中，有一条路，名为剑巴路，自鹤龄寺分岔道到鸳溪口再到阙子寺、龙隐寺、白鹤铺、石门、元坝、歧坪、龙山、恩阳，最后到达巴州（巴中）全长240多公里，是蜀道中较长的道路之一。因蜀道支线众多，这条支线在历史上没有明显和详细记载，但从只言片语的记载和现存古迹推测，此路从三国时期至近代，都是重要的军事路线和商贸往返巴蜀的主要道路。

经过龙隐寺的另一条路是利昌古驿道：广元—龙潭—梅树—石井铺—柏林沟—永宁铺—施店驿—印合山—高家沟—观音嘴—龙隐寺—茶店子—回水坝—苍溪县城。这条路从汉朝开始就是连接广元、苍溪、阆中的交通要道。

这两条古驿道在龙隐寺地面交会，龙隐寺驿道路段是两条古道共用的。

根据苍溪县党史资料记载：1934 年 8 月 15 日拂晓在黄猫垭，红四方面军徐向前总指挥下令全线出击，经 4 小时激战，歼灭全部敌人，黄猫垭大捷后，红军分左右两路于 9 月 22 日直捣苍溪县城，取得反"六路围攻"的彻底胜利。随即，红军分多路乘胜追击敌人，收复 1934 年 6 月"收缩阵地"时的失地。1934 年 10 月，从永宁、三川方向追敌的红 31 军 93 师 274 团，在龙隐苏区地段的利昌古道上打了四坪里战斗、玄都观战斗、尖山子战斗，歼敌约一个团。1935 年 3 月至 4 月，红四方面军高

红军路

级将领曾三次往返利昌路勘察地形，决定在利阆古道上分左、中、右三路强渡嘉陵江。1935 年 2 月红 31 军 91 师从利昌左道永宁方向，经龙隐寺一路追敌获胜后，与红 88 师会合于苍溪县城，又与红四方面军 93 师一部从剑巴蜀道上，经五龙、三川、石门齐聚于龙隐寺山下，开展渡江前准备和 3 月底强渡嘉陵江鸳溪石锣锅河渡口的战斗。在红军渡江前，龙隐寺乡苏曾组织苏区游击队 17 名队员配合三川区苏维埃政府组织的 30 名区苏游击队队员，从三川区苏的石门河，用三天三夜从剑巴蜀道上，经过白鹤铺抬来两只渡江大船、50 捆竹子藏于龙隐寺山脚下，龙隐寺民众又自发绑造木筏、竹筏十多只，为红军渡江奠定了扎实的物质基础。1935 年 3 月下旬，龙隐苏区百姓，送来干粮，抬着渡船、木筏从剑巴蜀道上热情地护送红军到江边，并积极参加渡江战斗，协助红军取得了强渡嘉陵江胜利。为纪念红军在龙隐苏区这两条古道浴血奋战的历史，苏区百姓把剑巴蜀道和利昌古道经过龙隐寺的路段称为红军路，路名沿用至今。

第五节　红军桥

　　五龙镇新梁村五组（周家梁）与新梁村六组（韩家碥）之间有一道深沟，因沟旁有红棺材而取名红棺材沟，千来年，是剑巴蜀道和龙隐寺东西交通的必经之地。从前，若遇夏季洪水，此路段便无法通过，有时耽误数天，很是不便。清朝末年，住在龙隐寺山下韩家碥的善人徐长太，自己出资又集资，兴修了一座石桥，桥全长约 12 米，宽 2 米，高约 2.3 米，全部用硬石头砌筑，十分牢固。相传，桥修好后，保宁府尹携家人前往龙隐寺烧香拜佛，求医看病，时值夏季，当轿行至白鹤铺苏家嘴时，突然乌云密布，电闪雷鸣，

红军桥

下起了瓢泼大雨，山沟顿时洪水暴涨，无法通过。府尹十分着急，有一周姓老人见状，便告诉府尹："去龙隐寺要过红棺材沟，有大善人徐长太新修了石桥，水淹不着。"府尹闻言，忙命轿夫前行，果然洪水还没有淹过桥面，他们便迅速地过了沟。府尹在龙隐寺进香时，闻听徐长太在古道上开凿茶缸六处，还修补了许多官道，又修石坎路两公里多，铺石板路约三公里，还修了四座石桥。保宁府尹要顺道去苍溪县衙视察，便从龙隐寺出发，沿利昌古道前往苍溪县城，行至茶店与回水坝交界的沙溪浩口时，浩沟在安置"跳墩石"。正是晌午，十多个民工在沟边的平坝处吃午饭，府尹便下轿前去探视，看见民工们吃的是红苕干饭，还有肉和菜，便问："老板是谁？他在哪？"其中一个民工指着离他们约5米处的山岩边的徐长太说："那就是我们的徐长太老板。"府尹听说是徐长太，赶紧走到他身边，看见徐老板正在大口大口地吃着"水莙子炒面"（一种野生果子晒干磨成的面，味酸、略带苦涩），便问徐："你是老板，为什么民工吃干饭炒菜，你却吃炒面呢？"徐长太见问他的人是衙门的官员，略有些慌张，答道："修桥补路用的钱与物都是从民间募集的，没富余钱财。沙溪沟浩口是广元到苍溪的必经之路，过往行人都要踩水过沟，为了解决行人过沟的困难，这些民工都是自愿轮流来做活路的，让他们吃饱饭好做活路。我长期在外修桥修路，身体很好，吃孬点没关系。"府尹听后很是感动，回府后为表彰徐长太的功绩，亲书大匾"天理良心"派人送至徐长太家，悬挂在堂屋大门之上。1933 年，红军在苍溪县建立红色政权，龙隐寺是苍溪县三川区苏维埃政府第九乡苏维埃政府所在地，五龙、白鹤、新店子都住有红军工作队，红军战士往来于白鹤、新店子、龙隐寺之间都必须经过红棺材沟上的石桥。1935 年中国工农红军在苍溪取得反"六路围攻"胜利后，西渡嘉陵江。渡江前，龙隐寺苏维埃政府曾派出 17 名青年，配合三川区苏维埃政府派的 30 名青年，从石门河将渡江大船抬至龙隐寺，就是从红棺材沟桥上经过的。1935 年 3 月，红四方面军 31 军 93 师西渡嘉陵，从三川石门、白鹤方向来的红军也都经过此桥。红军走后，住在红棺沟两边周姓、韩姓的老百姓，为了保护红棺材沟上这座石桥，经常自发地清除沟边杂物乱石、疏通水流，防止洪水冲毁石桥。百姓用石桥纪念红军在龙隐浴血奋战，让人民翻身得解放的恩情，并把此桥改名为"红军桥"。

第六节　红军岩

龙隐寺周围有很多天然的大石岩，尤以薛家梁山那边石岩、洞岩碥的石岩和盘龙山下的龙口岩为最大。龙口岩长 28 米，宽 5—8 米，总面积约 180 平方米，石岩内石灶、石碓窝、石水缸、石磨齐全。洞岩碥石岩长 30 米、宽 3 米，总面积约 100 平方米。薛家

红军岩

梁苏皇包脚下的石岩（修公路时被毁）长约 10 米，宽 5—6 米。这些天然石岩，是周边百姓用来抵抗外敌和避难的场所，是兵家必争之地。红军来到龙隐寺后，不进民宅，不住民房，从不扰民，经常住在这些石岩里。薛家梁山那边石岩、洞岩碥石岩、盘龙包山下的龙口岩，是 1934 年红军歼灭龙隐寺、玄都观、尖山子敌人时的藏兵之处，这些石岩上的红军宣传标语至今依稀可见，后人为纪念红军，亲切地称呼这些石岩为红军岩。

第七节 红军洞

龙隐寺周围，有 38 孔比较完整的岩洞，岩洞形成时间无法考证。龙隐寺周边的岩洞大都隐藏在灌木之中或山崖僻静之处，唯独龙隐寺南边约300米处的洞岩碥，岩洞在离地面约30米的悬崖上，并排开凿了7孔。其中东边1号洞洞口宽约1.5米、高约2米，洞内长约11米、宽约12米、面积约130多平方米，由五个相对独立的方洞连接组成一个大洞。洞内有石床、石柜、石井、石渠、石台等设施，形成了洞中洞、洞中柜、洞中台、洞中渠、洞中井的特有格局。经考证，石洞可能开凿于宋末元初，经过几百年的扩修、完善，竣工于清嘉庆五年（洞内石壁上留有"嘉庆五年完工"字迹）。其余6孔洞，洞内面积都在10平方米以上。开凿时间可能更久远。石洞洞口下原有云梯走廊，可相互通往，类似栈道。石岩上留下的小石孔，是搭建云梯的基桩眼，这一段云梯可通往剑巴蜀道。石洞下去是一道长约30米、宽约3米的石岩，石岩的底部有一条通道，穿过黑暗的通道，可以到达石洞后的一道天然石缝，石缝长约20米，宽不足1米，离地面深约10米，称为"一线天"。洞前原有苍松翠林和一块很大的山坡地，坡地上有一天然水塘（原

红军洞

叫"左龙眼塘"，1963 年兴修水利时，杨柳村将其扩修为现在的堰塘）。站在洞口可以看到鸳溪镇和浙水乡的大片土地和人家，甚至可远眺剑阁鹤龄寺场镇的灯火和巍巍长仑山。

山洞历来是先民们防灾避难的场所，传言"八大王剿四川"时，龙隐寺周边的先民在这些山洞中躲藏数日，才未被剿灭。洞岩碥的石洞虽不能与其他负有盛名的洞穴相比，但却别具风格，饱含着先人的智慧和厚重的文化底蕴。1934 年 9 月，先是红四方面军 31 军 91 师从三川，永宁方向追敌于苍溪县城，其后红 31 军 93 师大部队聚集于龙隐苏区准备渡江。红军来后，不进民宅、不住民房、不扰民，隐居在龙隐周边的山洞和石岩里做战前准备。红军埋伏在龙隐寺周边的石岩里，造土雷于山洞旁，藏武器、弹药于山洞中，靠夜战，出奇兵，打了四坪里、玄都观、尖山子三场漂亮的歼灭战，歼敌约一个团。1935 年 4 月，红军强渡嘉陵江走后，苏区人民为纪念红军，亲切地称呼这些山洞为"红军洞"。

第八节　石茶缸

龙隐寺山下苏皇包南边山嘴上有一口一米见方的"石茶缸"，是清朝末年住在龙隐寺山下韩家碥的徐长太等人开凿的。"石茶缸"开凿在一块独立的岩石上，口呈四方形，深约 30 厘米，深底部钻有一个出水孔，在孔口插一根竹管，不放水时用木塞堵住出水口，饮水时拔出木塞放水。石茶缸上原本有一块盖缸口的石板，平常由薛家梁和韩家碥行善人家扯来"香芦茶"，洗干净后，揭开石盖放入，再担来开水倒入石茶缸中并盖上石盖泡成茶水供人饮用。石茶缸东边原有两棵直径 30 多厘米的黄梁树，树荫下有一块约十平方米的大石头坝子（20 世纪 70 年代修公路时被砍伐损毁）。

石茶缸

　　1935年，中国工农红军西渡嘉陵江时，红军大部队必经石茶缸。周边的老百姓不间断地担来开水倒在石茶缸里，并把烧熟的红薯和干粮放在茶缸旁边，走得人困马乏、饥肠辘辘的红军战士经过时，喝一碗开水、吃一块干粮，顿时精神焕发。负有爱心的石茶缸，赢得不少人称颂。

第九节　练兵场

　　龙隐寺东边山脚下，有一片长约1000米，宽约30米的平地。平地靠龙隐寺庙一侧，有一巨大的圆石盘，高约二米，直径约三米，酷似一个大碾盘；石盘中央有一根天然石柱，高约二米，酷似碾桩；石盘上还天生一块椭圆形石头，直径约一米，酷似碾滚子；

练兵场

整个大石酷似碾子，因此这段地方被称作碾盘岩。

1933 年，苍溪县苏维埃政府在龙隐寺成立龙隐寺乡苏维埃政府，龙隐寺乡苏维埃政府组建游击队，游击队在碾盘岩训练了大批队员；1934 年，红军在碾盘岩训练大批新战士；1935 年 3 月，红军在碾盘岩进行了渡江战术的训练。

1978—1980 年，中国人民解放军驻阆中部队，每年都要在碾盘岩进行长达三个多月的军事训练。

第十节　瞭望塔

龙隐寺南约一里处，有一座独立挺拔的山峰——盘龙包，相传是一条巨龙身躯盘旋而成。

盘龙包顶海拔 966 米，站在峰顶极目远眺，一览众山小。

据龙隐寺道士薛民中回忆："1934 年冬天，有几个红军大官（红四方面军 31 军高级将领）曾登上盘龙包爬上几棵大树，用望远镜反复勘察嘉陵江沿岸的地形地貌，过了不久进行了玄都观、尖山子战斗和强渡嘉陵江鸳溪渡口、石锣锅河渡口和小浙河渡口的战斗。"

2019 年，在龙隐村关工委常务副主任李正荣同志带领下，本地群众自发地在盘龙包峰顶建起了一座高十多米的瞭望哨楼纪念塔。

瞭望塔

第九章 红色革命亲历者

第一节 龙隐苏区红军录

1933 年至 1935 年"朝红军"期间，在苏维埃政府的领导下，在红军大力宣传和身体力行的影响下，百姓们群情激昂，革命热情十分高涨，龙隐寺乡苏维埃政府积极组织发动了大批青壮年参加红军。据《苍溪红军录》不完全统计，人口不满 2500 人的龙隐苏区，就有 260 多名青壮年参加了红军，组建了 180 多人的武装游击队，100 多人的妇救会，大部分少年儿童都参加了童子团，为红军报送情报，为苏维埃政府站岗放哨。龙隐苏区的革命力量为中国革命事业建立了不可磨灭的功勋。龙隐苏区 260 多名红军战士，在经历了数次战斗和训练后，1935 年 4 月随红军强渡嘉陵江撤出龙隐地区。他们南征北战，经历千辛万苦，大部分优秀的龙隐儿女都英勇牺牲了，到中华人民共和国成立时幸存的龙隐苏区老红军只有 20 多人。

本书根据《苍溪红军录》记载和编写组的走访调查，整理出龙隐苏区部分老红事迹及红军名录如下：

一、中华人民共和国成立时在世老红军

孙邦成 生于 1915 年 9 月 1 日，1933 年在苍溪参加红四方面军，历任副班长、班长、副排长。参加过长征，于陕北加入中国共产党。1939 年 4 月在山西灵石县与日军的一次战斗中被炮弹炸伤（二等甲级伤），治愈后，被安排到八路军警备一旅任侦查员。于 1950 年回到家乡，历任五龙乡副乡长、中共五龙乡党支部书记。后因身体原因，自愿回到龙隐大队任支部书记。在任期间一直带领干部社员走农业合作化道路，兴修水利，发展农业生产，多次被评为区、乡先进个人。1974 年 9 月因病去世，享年 59 岁。

孙邦成

张子浩 本名吴从江，苍溪县浙水乡红旗村吴家山人，1920 年出生在一个盲人家庭。1933 年参加中国工农红军，参加红军后在延安执行军事任务时，改名为张子浩。在部队历任班长、排长、营长、团长、师长、军参谋长。1948 年任大同铁路局军事管治委员会主任，后任大同铁路局局长。内蒙古自治区成立后，调太原铁路局任副局长、党委书记。1985 年离休，2005 年因病去世，享年 85 岁。

李辉德 苍溪县浙水乡杨柳村人。1933 年 9 月在本乡参加革命，任乡苏维埃儿童团团长；1933 年 9 月—1934 年 4 月在本乡参加中国工农红军，在红四方面军 31 军 93 师

李辉德

279 团任公务员、司号员。1934 年 4 月—1936 年在 31 军 91 师 276 团任卫生员，参加长征。1936 年—1939 年 7 月红军改编为八路军后在八路军 129 师 386 旅 77 团任公务员、通讯班班长，1938 年 2 月加入中国共产党。1939 年 7 月—1940 年 3 月在八路军 129 师随营学校学习，任班长。1940 年 3 月—1942 年 4 月留校任教员兼排长。1942 年 4 月—1945 年 8 月在抗日军政大学六分校、七分校学习，兼任工作队队长。1945 年 8 月—1948 年 1 月在晋冀鲁豫中央局党校任教导员。1948 年 1 月—1950 年 9 月在晋冀鲁豫中央局任协理员、机关总支书记。1950 年 9 月—1953 年 3 月在华北局办公厅人事处任副处长。1953 年 3 月—1954 年 1 月在华北局党校学习。1954 年 1 月—1954 年 4 月任中国人民志愿军慰问团副团长。1954 年 4 月—1975 年 4 月在包头钢铁公司任监察室主任、行政处处长、农办室主任、战备办主任、民兵师副政委。1975 年 4 月—1983 年 12 月调冶金部二十冶金建设公司任总务处处长、二十冶党委会常务、总经理助理。1983 年 12 月离休，1989 年 2 月逝世。

陈绍儒　生于 1922 年，苍溪县浙水乡人，1933 年参加红军，《苍溪红军名录》中记载：离休后居于河北省保定市东观干休所。

李富德　生于 1914 年 8 月，苍溪县浙水乡杨柳村人，1933 年参加红军。曾任通信员、延安警卫团宣传员、排长、管理员、四野八纵队 222 师副科长。参加过长征、抗日战争和解放战争。中华人民共和国成立后任广西水利局所长、广东电力学校校务主任、新丰江电厂副厂长。曾获三级八一勋章、独立自由勋章、三级解放勋章。1984 年 1 月离休，1993 年在苍溪病故。

徐世良　生于 1916 年 2 月，苍溪县浙

徐世良

水乡花庙村人，1933 年参加红军，1937 年 5 月加入中国共产党。参加过长征、抗日战争和解放战争，历任排长、连长、营长。中华人民共和国成立后任某军后勤部军械被服科科长、云南省宜良专区公安部队大队长，云南省林业厅供销处处长等职。1981 年退休，2007 年病故，享年 91 岁。

陶伦传　生于 1908 年，苍溪县浙水乡人，1932 年参加革命，任苍溪县三区游击队队长，1934 年编入红四方面军 31 军 93 师 279 团任排长。抗日战争时期在 386 旅 772 团任连指导员、特派员，决死三纵队任团政委。解放战争时期在 13 纵队任团政委、18 兵团 61 军 183 师任政治部主任。新中国成立后，任南充军分区政治部主任、党委副书记、副政治委员等职，大校军衔。1955 年荣获三级八一勋章、三级独立自由勋章、三级解放勋章。1973 年逝世后被追认为革命烈士，安葬在北京八宝山革命烈士公墓。

陶伦传

韩永碧　曾任保安处营长，1938 年抗日战争中负伤，1951 年回乡。

梁文成　成都铁路局处长。

李玉斌　河北唐山市副市长。

张文胜　李全德　罗友才　罗兴明　牟绍银　张文敏
李才昌　徐世章　李永德　徐怀良　李秀寿　王绍武
陶明成　张洪武　张雄成　张凤武　黄素兰（女）

二、红军烈士名单

李海德　孙来宗　薛玉申　张克元　孙泽钦　王天金
王道德　曾元红　王芝寿　徐学聪　王芝林　牟怀伦

牟现图	王芝银	李刚德	吴昌林	陶春禹	李玉斌
吴益成	吴福成	李祥德	徐怀英（女）		韩德林
韩寿林	徐怀寿	陈绍碧	陈绍双	何大满	何国珍
陈绍平	陶庚成	张玖玉	徐仕硼	吴松林	曹国安
张国权	赵治平	贾春先	徐泽会（女）		陶云顺
吴柏林	梁宗成	蒲润协	徐仕俊	罗朝明	何来毛
李治武	何发贤	王福林	吴秋林	陶明常	张明科
徐仕朗	徐国选	董庆云	韩学荣	李秀举	李抱娃
李秀尧	李秀堂	李秀关	李玉庭	张明月	张四娃
徐毛娃	李万生	李二女（女）		毛成双	陶启华
张文海	杨永清	孙伦山	刘永奇	刘国文	罗炳富
牟绍红	杨长贵	冉仕成	冉仕中	张汝富	张汝堂
罗星喜	冉继平	张开富	王吴氏（女）		王芝宾
牟成文	杨崇林	杨士才	王仕禄	阳光兴	阳光春
鲁庆和	欧明枢	阳文满	邓光波	阳文银	罗青山
鲁光洲	张克明	阳文玉	杨洪富	牟绍荣	牟绍常
牟绍禄	张仕青	牟绍先	牟国平	张利民	李德龙
陶兴太	徐仕君	何贵才	何义才	陈绍平	徐仕伦
陶云顺	罗邦成	徐泽会（女）		张登成	

（以上名单来自中共苍溪县委党史研究室、苍溪县档案馆编《苍溪红军录》）

三、红军失散人员名单

徐世祥	李在富	韩玉珍（女）		徐世会（女）	
吴清茂	陶云义	徐世杰	张明儒	张明仁	吴开仁
何瑜贤	陶家兴	何大同	林福盖	张碧成	吴清成
何玉兴	李定昌	张克成	孙邦义	张云成	李大女（女）

张克镜　韩宣林　李秀钦　罗国亮　罗星瑞　毛女子（女）

牟国武　孙远宗　孙邦国　文友德　文君成　罗二女

李秀华　张明成　张明弟　张德成　陶明成　陶庚成

李仕宽　李仕良　李仕祥　徐仕昌　曾毛娃　孙配娃

王连德　张明弟　李仕才　李德贵　徐从杰　李在富

何大良　李友昌　张书成　张明科　张明常　吴秋林

徐学聪　牟光图　李玉祥　徐仕春　杨维长　张述昌

何早贤　张碧成　陶家兴　徐仕尧　徐仕祥　韩天德

林福盖　文克青　张克林　文银恩　文克喜　陈吉星

张学德

（以上名单来自中共苍溪县委党史研究室、苍溪县档案馆编《苍溪红军录》）

第二节　参加抗日远征军

抗日战争期间，龙隐苏区不少优秀儿女奔赴抗日战场英勇作战，牺牲在抗日的战场上。在深入挖掘龙隐寺乡苏维埃红色文化过程中，有很多老同志提供了不少苏区进步青年随川军出川抗日的信息，因无史料记载，且时隔久远，无法详细记述。但龙隐苏区确有参加中国远征军赴缅甸与日本军作战人员为抗日战争做出贡献。

史料记载，中国远征军是抗日战争时期中国入缅对日作战部队，亦称"中国赴缅远征军"。1942年3月，远征军入缅发起滇缅路作战，失利后大部分退回云南。1943年4月重建远征军司令长官部，后称滇西远征军，一部分撤至印度，称中国驻印军。1943年10月至1944年5月，中国驻印军和滇西远征军先后发起了缅北滇西作战，歼灭日军三万余人。1945年1月27日两军在畹町会师，3

远征军战士张芝健及其奖章、起义人员证明书

月完成了打通滇西公路的任务后撤回国内。1943 年 10 月至 1945 年 3 月，中国驻印军和中国远征军在缅北、滇西反攻中收复缅北大小城镇 50 余座，收复滇西失地 8.3 万平方公里，共歼灭日军 4.9 万余人，中国军队也付出了重大牺牲，伤亡官兵 6.7 万人。

据参加中国远征军的张芝健说："1942 年，龙隐地区有十多个人参加了中国远征军，到了云南后我们就分开了，分别跟滇西军到缅甸、印度与日本人作战，这些人以后再也没有见面，听说有的已经牺牲了。"根据张芝健提供的信息，我们进行了反复查访，因时隔久远，又无史料记载，只重建了几个人的信息。

张芝健 1926 年生，苍溪县浙水乡玄都村人。1943 年 1 月参加中国远征军赴缅甸与日本军作战，在对日作战中曾两次负伤。1945 年撤回云南，在国民党陆军 96 军 101 师 25 团任连长。1949 年 4 月在浙江嘉兴起义，编入中国人民解放军。1951 年退伍回乡。

孙邦建 五龙镇龙隐村五组人，生于 1926 年，1942 年 1 月参加远征军，1944 年冬退伍回五龙镇龙隐村务农。1977 年病故于龙隐村老家。

罗星德 鸳溪镇学堂村四组人，1926 年 1 月生，1942 年参加远征军，1946年退伍回家务农，1950年任鸳溪镇学堂村第一届村长。1993年在老家病故。

罗星泽 鸳溪镇学堂村七组人，生于1925年3月，1942年参加远征军，1945年退回江西，1949年2月在江西起义投诚中国人民解放军，1950年编入农建13师，建设宁夏回族自治区时任营部文书，1956年加入中国共产党，1957年任宁夏宁武县回山乡小学校长，1990年退休。2018年病故于宁夏宁武县。

第三节　抗美援朝赴前线

位于亚洲东北部的朝鲜半岛，像一只手臂从亚洲大陆的肩头伸出去，一直延伸约1000公里。半岛东西最宽处约360公里，最窄处只有170公里，总面积约22万平方公里。朝鲜北面以鸭绿江、图们江为界与中国东北、俄罗斯西伯利亚一角接壤。

1950年6月25日，朝鲜内战爆发。9月30日，美伪军越过三八线疯狂向北侵犯，很快占领平壤，尔后抵达鸭绿江边。

朝鲜危急，中国的安全受到了严重威胁。朝鲜人民向我们发出紧急求援的呼吁。毛泽东主席深知，假如美国真的把朝鲜搞垮了，即使不过鸭绿江，我们东北也要在其威胁之下过日子，要进行和平建设也会困难重重。我们对朝鲜问题如果置之不理，美帝必然得寸进尺走日本侵略中国的老路，我们抗美援朝，就是保家卫国。

有着光荣革命传统的龙隐儿女，深知有国才有家，保卫朝鲜民主主义人民共和国的独立，就是捍卫中华人民共和国的安全，保障中华人民共和国经济恢复和建设工作的顺利进行。中国人民经过一百多年浴血奋战成立的中华人民共和国，百废待兴，绝不容许以美帝国主义为首的外国列强侵犯。保家卫国，打击侵略者，龙隐儿女义无反顾奔赴朝鲜战场。据不完全统计，1950 至 1952 年龙隐有 57 名十七八岁的青年响应党和国家号令，积极应征入伍参加了中国人民志愿军，奔赴朝鲜战场，在艰苦卓绝的环境中英勇作战，数十名龙隐儿女在异国他乡牺牲、受伤，为保家卫国立下不朽功勋。

龙隐地区部分抗美援朝战士名录

曾善贵	曾学才	陈吉兴	薛泽武	薛泽普	薛泽义	陈吕忠
王从正	张文银	韩孝林	肖光武	张协成	高宗尧	高宗华
柯长福	张仕友	李昌明	吴从良	吴坤林	李云德	吴奎林
李秀明	李会德	李盛培	吴顺成	张分洲	张多富	张玉洲
张正洲	张雍洲	张青芝	梁道钦	乔文富	陶兴全	梁中禹
陶兴恩	花福财	刘国文	徐仕涛	刘国林	张邦志	徐泽良
徐仕坤	刘逢仁	徐泽武	陶启富	孙邦弟	罗邦桃	张全合
张树宗	罗邦福					

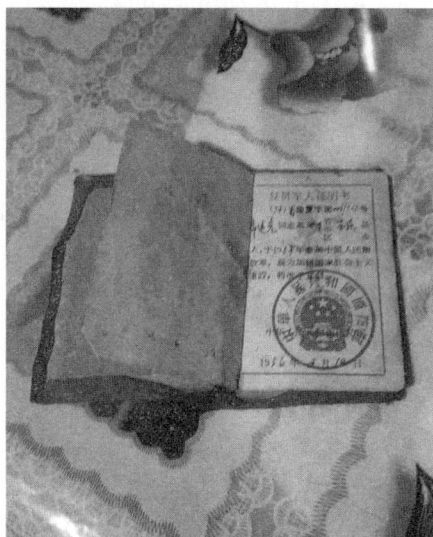

抗美援朝战士薛树先及其复员军人证明书

第十章　红色基因代代传

第一节　红色文化育英才

在龙隐这块红色的沃土上，中国工农红军撒下了红色的种子，龙隐人传承革命先烈的红色基因，孕育出了许多杰出英才。

1933 至 1934 年，龙隐寺乡苏区 260 多名男女青年参加中国工农红军，到中华人民共和国成立时，幸存老红军不足 20 人，大部分优秀的龙隐籍战士都英勇牺牲了。1935 年，红军长征后，龙隐人民继续与敌人进行着不屈不挠的斗争，红军亲属、苏区干部和游击队队员，受到了还乡团的残酷迫害，不少苏区干部英勇就义。

在抗日战争时期，龙隐苏区数十名青年随川军出川参加中国远征军赴缅甸与日本军作战，其中大部分牺牲在抗日战场。

解放战争中，龙隐苏区老红军、进步青年、国民党军队投诚起义人员，为着全中国解放英勇作战，不少人壮烈牺牲。

中华人民共和国成立不久，美帝国主义为首的侵略者发动了朝鲜战争，把战火烧到鸭绿江边。为保家卫国，龙隐数十名青年参加了志愿军，抗美援朝，不少人牺牲在异国他乡。仅龙隐村，就有9人参加志愿军，3人牺牲在朝鲜战场。

中华人民共和国诞生，人民政府建立，龙隐劳苦大众在政治、思想、经济等方面得到了彻底的翻身和解放，斗倒了地主，分得了田地，实现了耕者有田的梦想。在中国共产党的正确领导下，当年的游击队队员、童子团团员都成了新政权的中坚力量，他们中不少人走上领导岗位。

龙隐村老红军孙邦成，1950年因病退伍回到家乡，成为五龙乡首任乡长、党支部书记。他不顾战争中负伤和身染疾病的痛苦，带领全乡人民，圆满完成了"清匪反霸""减租退押""三反五反""土地改革"任务。与此同时，他带领五龙乡部分村社村民，在龙隐村"老坟林"兴修了全乡第一口公共堰塘。

学堂村的老红军张文敏，时任学堂村大队长，带领全村人在学堂村兴修了鸳溪乡第一个小型水库。

龙隐老红军分布在全国各地，他们为革命奋斗到了生命的最后一刻。

社会主义建设时期，老区人民继承红军"一不怕苦，二不怕死，艰苦奋斗，革命到底"的精神，一代接着一代干，老区面貌发生了翻天覆地的变化。

在那"农业学大寨""工业学大庆""全国人民学习解放军"的年月，浙水乡红旗村，是四川省"农业学大寨"的标兵，时任村支书的李秀训同志是中共十一大代表，时任红旗大队党支部副书记的李凤银同志被评为全国农业学大寨先进代表，进京参加大会。

在"四个现代化"建设中，龙隐人传承红色基因，发扬红军精神，不忘初心使命，砥砺前行。当年的童子团团员，继后的复员、退伍、转业军人，不少人走上地方行政、企事业单位的领导岗位。龙隐数百人参加了中国人民解放军，有的成长为共和国将军，师团职军官或营连职干部，有的成了革命烈士。仅龙隐村，参加红军 11 人，中华人民共和国成立时，幸存者仅 1 人；抗日军人 1 人；参加中国人民志愿军 9 人，在朝鲜战场牺牲 3 人；截至 2020 年，参加中国人民解放军 60 多人，其中大校 2 人，团职以上军官 3 人；副处级领导干部 3 人，正科级 8 人；教授 1 人，三甲医院主任医师 1 人，正高级工程师 1 人，博士 1 人，硕士 3 人，留学生 1 人，教师 13 人，本科 108 人。

走进新时代，曾经的龙隐苏区经济社会发生翻天覆地的巨大变化。特别是党的十八大以来，勤劳务实的苏区人民坚持以习近平新时代中国特色社会主义思想为指导，在各级党委、政府的坚强领导下，发扬红军精神，克难攻坚，艰苦创业，取得了巨大成就。人民群众的获得感、幸福感不断提升，老区红色文化底蕴、伟大的红军精神不断发扬光大，时代新秀不断涌现。

一、模范军属——徐世昌

徐世昌，苍溪县浙水乡花庙村四组人，生于 1899 年 6 月。中华人民共和国成立前，徐世昌家庭十分贫穷，父母给富人家当长工维持生计。因为弟兄姊妹多，他是家中长子，到十几岁了都无衣裤穿。由于家庭无房无地，徐世昌从小在外流浪度日。成年后，靠做小手艺（吹鼓手）和帮人务农维持生活，他一直未娶得妻室，独自生活一生。1933 年，红军在龙隐寺成立了乡苏维埃政府，他兄弟五人都积极参加革命，他和二弟徐世申、三弟徐世伦都参加了游击队。四弟徐世良 1933 年在玄都村苏维埃报名参加了红军，新中国成立后任云南省林业厅厅长。五弟徐世军在 1950 年参加了中国人民志愿军，1951 年 4 月牺牲在朝鲜战场。1951 年 7 月，苍溪县人民政府号召全县人民筹资为抗美援朝捐献"苍溪号"飞机和大炮，徐世昌得知消息，便将自己长年在外做活儿积蓄的黄谷一石（合约计量 550 市斤）全部捐献给苍溪县人民政府。1951 年 9 月，苍溪县人民政府组织召开全县红、烈军属 264 人的代表大会，徐世昌参加代表大会，会议投票选举徐世昌等三位代表出席北京国庆观礼。徐世昌受到了毛主席、朱总司令与其他国家领导人接见。

中华人民共和国成立后，人民政府在玄都村的花庙子给徐世昌家分配一间房屋，"土改"时又给他分了田地，他十分感激共产党，积极参加"清匪反霸""减租退押""三反五反""土地改革"等革命运动，积极劳动生产。1993 年去世，享年 94 岁。

二、红色传人——张廷杰

张廷杰，1943 年 7 月生，苍溪县五龙镇龙隐村人，中共党员，大专文化，军队干部，大校军衔。

张廷杰

张廷杰出生于龙隐贫苦农民家庭，父亲张文斗在 1933 年至 1935 年是龙隐苏区游击队员，1935 年 3 月底，在石锣锅河渡江战斗中，为红军抬木筏时左腿摔断。由于长期伤痛折磨又无钱医治，于 1952 年在家中病逝。

张廷杰自小聪明伶俐，热爱劳动，手脚勤快，且爱憎分明。中华人民共和国成立初期，小小年纪的他，就积极参加土地改革运动，与土改工作队工作人员一起拉绳丈量土地、栽界桩，为贫苦农民分田分地。读书时，他勤奋好学，成绩优秀，是学校少先队中队长、大队长，小学毕业时就加入了中国共产主义青年团。1960 年征兵时，他积极报名参军。入伍后，在部队认真学习文化，勤学苦练杀敌本领，执行各项任务坚决主动，政治上积极要求进步，军事技术过硬，多次受到各级嘉奖并荣立三等功一次。1964 年 10 月加入中国共产党。他到四川省公安干校、武汉第二高级步兵学校、石家庄高级指挥学院学习深造，取得大专文凭。1983至2000年任绵阳军分区副司令员，1988年授大校军衔。2000年军内离休，现居住在绵阳市。

张廷杰热爱家乡，关心家乡建设，重视家乡红色文化教育。1992年修建苍溪"嘉陵江大桥"、2003年修建苍溪"红军渡纪念馆"时，他都曾捐资赞助。

三、全国党代表——李秀训

李秀训，生于1939年12月，苍溪县浙水乡红旗村人，1954年加入共青团，1969年1月加入中国共产党。1968年任浙水乡红旗大队政治工作员。1970年10月任中共浙水乡红旗大队支部书记后，为彻底改变该大队缺塘少堰、靠天吃饭的落后面貌，组织全大队300多名群众掀起了轰轰烈烈的"农业学大寨"热潮。他带头破冰挖稀泥、冒死沉库堵暗流，带领全大队群众连续苦战三年，新修拦水拱坝一座，山湾塘4口，在悬崖峭壁开挖灌溉渠3条（总长16公里）。1972年新修塘库开始发挥作用，全大队粮食喜获丰收，产量由1969年30万公斤增加至68万公斤。李秀训被中共苍溪县委树为全县"农业学大寨"的一面旗帜。1973年3月，李秀训出席了四川省基干民兵先进代表大会；1975年1月出席四川省农业学大寨综合治理先进代表大会，会后调任中共浙水乡委员会副书记兼任红旗大队支部书记。1977年8月当选为中共第十一次全国代表大会代表。1977年10月任中共五龙区委副书记，区革委副主任。1978年被评为四川省劳动模范。1992年10月撤区并乡镇时，任中共五龙镇委员会副书记。2000年1月退休，2019年去世，享年80岁。

四、优秀乡镇党委书记——孙邦义

孙邦义，苍溪县鸳溪镇龙岩村人，1929年10月生，民国时期初中文化。1950年任鼓楼乡小学教师；1952年参加"土改"工作；1954年加入共青团；1957年在五龙区文教科工作；1966年加入中国共产党；1971

孙邦义及其部分获奖证书

年任浙水乡党委副书记；1978年至1992年分别任永宁、鸳溪乡党委书记。

1971年至1977年任浙水乡党委副书记期间，组织带领群众修通了浙水场连接五龙的乡道16公里，安装了全乡农村照明和广播电线，做到了"家家点灯不用油，户户早晚听广播"。在分工驻点的浙水乡红旗大队，孙邦义身先士卒，带领全大队党员、干部和群众连续奋战，彻底改变该大队缺塘少堰、靠天吃饭的落后面貌。红旗大队被中共苍溪县委树为全县"农业学大寨"的一面旗帜。孙邦义被中共南充地委授予先进个人称号。

1978年至1987年，孙邦义任中共五龙区委副书记兼永宁乡党委书记期间，领导全乡人民修水修路、治山治水，改良生产方式，同时向上争取政策，调整建制，排除各种干扰，改造国道212线五龙镇印合段，兴修印合水库，经过两年多艰苦奋战，完成永宁镇最大的水利工程。孙邦义被中共广元市委授予"优秀共产党员"荣誉称号。

1988年至1992年任鸳溪乡党委书记期间，带领全乡人民先后兴修了从鸳溪场东面连接五龙、西面连接国道212线的乡道，大力兴修水利、改土改田、发展蚕桑种养业。鸳溪乡1989年被苍溪县人民政府树为"蚕桑养殖先进示范乡"。孙邦义被中共苍溪县委、苍溪县人民政府连续三年授予"优秀共产党员""创业先进个人"荣誉称号。

孙邦义清正廉洁，作风严谨，对同事和下级既严格要求，又爱护有加。几十年来，甘为人梯地为党和人民培养、推荐了数十名好干部，其中有不少人成为县、市级领导。他一生捐资无数，扶持帮助当地贫困家庭、贫困学生、孤儿、特困人员、革命前辈。孙邦义在群众中有口皆碑，在全县干部中有着很高的声誉。

孙邦义退休后回到孙家湾生活。他老骥伏枥，努力生产劳动，对青少年进行红色文化教育。耄耋之年，还在从事力所能及的劳动，为家乡经济发展向当地政府建言献策，倍受人们崇敬。1996年中共苍溪县委、县人民政府授予他"离退休干部发挥作用先进个人"荣誉称号；2009年中共苍溪县委授予他"优秀共产党员"荣誉称号。

五、优秀共产党员——李盛培

李盛培，浙水乡小浙村五组人，生于1932年，1950年参加革命工作，1954年1月加入中国共产党。李盛培的父亲李仕兴在1933年至1935年红军时期，是龙隐寺乡苏维埃杨柳村苏游击

李盛培

队员，曾多次参加消灭国民党匪军的战斗。1935年3月底，红军强渡嘉陵江时，他积极参加小浙河渡口战斗，带头为红军抬船、抬树、制作渡江木筏，还把自家堂屋的门板捐献给红军渡江用。

李盛培继承父亲革命事业，1950年加入苍溪县警卫营五龙区警卫队，任通讯员；1951年在苍溪县、龙山、文昌、东溪参加剿匪战斗；1951年9月加入中国人民解放军川

北军区公安十八团；1955年1月至1957年4月任中国人民解放军
3559部队连队文书兼军械员，参加凉山、普雄、越西等县的剿匪、
民主改革等工作。

1958年，李盛培因病退伍回乡，先任浙水乡红花、新民两村党
支部书记；继后历任浙水乡玄都村、杨柳村、茶店乡大洋村党支部
书记；1976年至1992年在浙水乡乡镇企业办公室工作兼任党支部
书记；1992年退休时将3000多元的退休金全部交给企业作为发展
资金。

在任红花、新民两村党支部书记期间，他组织带领群众自力更
生，修水、修路、改土换田，先后兴修了"团结""幸福"等水
库。在茶店乡大洋村任党支部书记期间，他带领群众大搞土地整
治，改变耕作方式，因地制宜，变荒山为耕地，以栽种红苕、玉
米、黄豆、高粱等旱粮作物，度过了灾年。在乡镇企业工作期间，
兴办粮油加工厂、酒厂、砖厂，兴修农贸市场、盘活老企业，为浙
水乡经济发展做出了突出贡献。

他一生艰苦朴素、大公无私，视国家、集体、群众利益为生
命。"大集体"挣工分分粮吃饭，身为党支部书记，他坚持同工同
酬，给自家人员记低工分，分口粮时，他坚持先人后己。一次，
生产队分红苕，干部见李书记家经常都在后面才来称粮，就按标准
先给他家分了一堆红苕，当他来背红苕时，看见其他家还未分，他
当即将分给自家的红苕倒在未分的红苕堆上，对生产队会计正色
说："当干部，要吃苦在前，享受在后，咋能先给我家分呢！"他
家属是养殖能手，一年能养出好几头肥猪，当时的政策是"交一
留一"，但他却把养的肥猪全部交售给国家，每年只留半头猪自家
吃。一次，他家属去交售肥猪，走时多给猪喂了些猪食，他发现
后，立即赶到生猪站，对家属说："我们不能将'饱食大肚'的猪
交给国家，损害国家利益。"随即将猪赶回家饿了一天一夜后才

交到生猪站。他一生严于律己，宽厚待人，生活简朴，当干部几十年，从不到群众家吃喝，就是赶场、开会也不下馆子。但无数次以几元、10元、100元、1000元数额不等的资金帮助贫困家庭、困难学生、孤儿、特困老人及支援灾区。1982年，特困户李盛林夫妇二人生病无钱医治，他将自家刚卖的肥猪钱46.8元全部交给李盛林夫妇治病。类似捐助他人的事例不胜枚举，据不完全统计，他一生捐资数十万元。

在党67年，他现在90岁了，依然关心着国家大事，每天坚持学习党的时事政策，拿着放大镜阅读《毛泽东选集》和《习近平文选》。2001年，他的家庭成员中就有9名共产党员，在他的倡导下成立了"家庭党支部"。20多年来，他充分发挥家庭党支部的作用，传承红色文化，传承家风家规教育，教育家庭成员广结善缘，奉献社会，阳光般地温暖自我、幸福家人、感染乡邻，用实际行动诠释共产党员的含义。四川《精神文明报》曾专题报道过他们这个家庭党支部的事迹。直到现在，他还利用节假日给家庭成员上党课。

李盛培先进事迹广传乡里，从1951年起曾37次被乡、县、市评为先进个人、先进工作者、劳动模范、优秀共产党员。1981年抗洪救灾成绩显著，受到四川省人民政府表彰。

六、优秀乡镇女干部——李朝秀

李朝秀，1961年生，苍溪县浙水乡人，中共党员，大专文化，县人大代表，副县级退休干部。1992年参加工作。历任五龙镇团委书记、计划生育专干，茶店乡党委副书记、纪委书记，白鹤乡党委副书记、人大主席、妇联主任，中共苍溪县委派驻白鹤乡组织员等职。

1982年，李朝秀婚嫁到本乡三台村，1983年选任村妇女主任，

李朝秀

她满怀热情，全身心地投入本村妇女工作和计划生育工作，一干就是八年。八年间，她充分发挥自己的聪明才智，利用生产间隙和开会前后时间，以"媳妇""闺女"的姿态深入各家各户，帮助他人推磨、碾米、喂蚕、喂猪、做家务、拉家常，用温馨朴实的话语和深入浅出的道理宣传党的政策，教育广大妇女，调解家庭、邻里矛盾，带领全村妇女积极劳动，勤俭持家，大力发展蚕桑养殖。

八年中，全村无一"超生户"，有效调解各类矛盾数十起，发展蚕桑种植园近百亩，三台村成为全县妇女工作和蚕桑养殖模范村。她连年被县、市、省妇联授予"妇女工作先进个人"，1987年当选为苍溪县人大代表。

1992年至1995年，在苍溪县五龙镇任团委书记、计划生育专干，派驻五龙镇三会、新梁、龙隐等较边远的大村。对工作她从不挑肥拣瘦，与男同志一样，晴天一身汗，雨天一身泥，起早贪黑深入村组、农户协助村组干部带领村民修水、修路、调整产业结构，改变了所驻村的面貌。她每年都受到市、县团委和妇联的表彰，连年被评为县、市级"优秀团干部""优秀妇联干部"，县级"优秀共产党员""优秀公务员"。

1995年10月，她走上乡镇领导岗位，先后在苍溪县茶店乡任党委副书记、纪委书记；在白鹤乡任党委副书记、人大主席、县委派驻白鹤乡组织员等职。在乡镇一般领导岗位上十多年，她以"完成任务干在前、思想工作做在前、困难当头抢在前、执行任务走在前、团结互助帮在前"为座右铭，低调做人，高调做事，从细微点滴做起，高标准地完成了各项工作任务。在茶店乡池鱼、白垭等村，她经常连续几天住在农户家中，帮助贫困户发展家庭副业，建设庭院经济园，帮助指导村民建果园，办砖厂、酒厂等企业，改变了所驻村组落后面貌。在白鹤乡星火、上游、白马等村，协助村"两委"领导村民大搞农田基本建设，壮大集体经济，向上争取资金近百万元，铺设了白鹤乡接国道212线白鹤段经白马村至白鹤乡工农村全长5公里的柏油公路，是全市首条通村油路。

在任乡党委副书记、纪委书记、组织员时，她严格执行党的组织纪律，加强基层党组织建设，严格党员管理，以严格的党性原则、身体力行的工作作风、清正廉洁的道德情操、严于律己宽厚待人的人格魅力，圆满完成党务工作，中共广元市委授予她"优秀党务工作者"荣誉称号。参加工作以来，她坚持每天写"民情日记"，记录了大量民情故事。在任乡人大主席时，作为县、乡人大代表，她如实反映了许多人民群众渴望解决的热点、难点问题，有力协助了政府工作，成为人民群众的贴心人，中共苍溪县委授予她人大工作"先进工作者"荣誉称号。

2008年汶川地震，她一次性上交"特殊党费"1008.50元；为玉树地震、武汉疫情、郑州洪灾捐款数千元；她坚持勤俭节约、省吃俭用，十几年如一日，帮助困难党员、干部、贫困家庭、贫困学生无数，捐助物资约二十万元，但她却从未买过一件高档服装、佩戴过一件名贵饰品。她家存封的一大摞各类奖状、奖牌、锦旗从不外露，人们赞扬她，她只是微微一笑，说："我没有什么，功劳是大家的。"2017年底退休后，继续担任白鹤乡鹤山社区联合党委书记，她组织领导群众大力发展柑橘规模种植，被县、市、省列为柑橘发展示范社区。她在工作中三叉神经受伤，多方医治未愈，仍然坚持工作，践行她"生命不息，奋斗不止"的承诺。

七、军人之家——王从学

苍溪县五龙镇龙隐村四组王从学一家，他那一辈兄弟四人，其

王从学

中三人是革命军人。

大哥王从高，中共党员，"土改"运动时就担任村组基层干部，40多年来多次被区、乡评为优秀共产党员、劳动模范，1973年被评为"苍溪县'农业学大寨'先进个人"，2012年去世。

二哥王从正，革命烈士，1950年参加中国人民志愿军，1952年牺牲在朝鲜战场。

四弟王从顺，中共党员，1960年入伍，1966年转业，曾任广元监狱三监区副监区长。2006年退休，现居住在四川省德阳市。

王从学，生于1935年7月，中共党员，1958年应征入伍，在部队从普通战士到上士、副班长、班长，被连年评为"五好战士"。1961年在部队入党，1963年退伍后任村民兵连长20多年，先后为部队输送二十多名优秀青年，每年进行民兵训练，加强民兵队伍建设，保障地方治安稳定。1964年，苍溪县人武部授予他全县"优秀民兵连长"荣誉称号。

王从学父母亲早逝，二哥牺牲在朝鲜战场，四弟入伍后提干离开家乡，他与大哥同是村组干部，兄弟和睦。大哥去世后，他是王家主心骨，他先后将自己的儿子、侄儿、孙子送入部队，祖孙三代参加中国人民解放军12人，个个都是优秀人才，儿子成为大校军官，侄儿、孙子中，也有团职，营连职干部。王从学之家，被誉为龙隐村"革命之家""军人之家"。

八、红色文化传人——袁正雄

袁正雄，中共党员，苍溪县鸳溪镇鼓楼村人，1939年3月生，1964年毕业于西南农学院（西南大学），教授，中国注册会计师，

袁正雄在重庆市老教授协会学术研讨会上发言

经济学专家。

　　袁正雄 1964 年毕业留西南大学人事处工作，曾任西南大学财务处处长，西南大学经济顾问，重庆市高校会计学会会长等职。2005 年退休，现居重庆市北碚区。终身享受国务院特殊津贴。袁正雄热爱红色文化，重视传统文化传承，2010 年组织苍溪县鸳溪镇鼓楼村村民集资恢复红军强渡嘉陵江时红 31 军临时指挥部红色遗址——阙子寺。

九、英雄民警——李雨阆

李雨阆

　　李雨阆，汉族，1989 年 3 月出生，广元市苍溪县浙水乡杨柳村人（老红军李秀钦的重孙），中共预备党员，生前系苍溪县公安局东城派出所民警，二级警司。

　　2007 年 12 月，他怀着保家卫国的理想参军入伍。5 年的军旅生涯，他军事训练成绩突出，多次参加重大军事任务，不仅锻造了刚强的意志，更铸就了忠诚的品质。由于敢挑重担、敢打硬仗，被评为优秀学员。李雨阆在山西省某部队服役5年，退伍后先后在苍溪县人民检察院、广元市南河湿地公园管理处工作，2017年6月考录为人民警察。

2018年2月，当时在龙山派出所工作的李雨阆与同事处置一起火灾警情，着火点为一居民楼二层住宅的厨房，现场火势凶猛、浓烟翻滚，厨房内的液化气罐随时可能爆炸，情势危急。李雨阆与同事冒着浓烟，冲上居民楼疏散群众，他拎着灭火器第一个冲进火场救火。灭火器干粉喷尽后，他又用水管向液化气罐浇水降温，消除安全隐患。现场群众无一人受伤。大火扑灭后，李雨阆最后一个走出居民楼，他被浓烟熏成了"黑人"，眉毛、头发被烤得卷曲发黄，两只手被烫得满是水泡。

李雨阆长期住在所里，有时警情太多，其他民警让他帮忙出警时，即使在休息，他也二话不说穿上警服就出警。他既是个"多面手"，还是个"热心肠"，除开案侦、执勤和出警外，东城所里买菜、车辆加油、换灯泡、买打印纸都归李雨阆管，大家都亲切称他"李大总管"。集体的工作干得多了，自己的业余时间就少了，2020年国庆节前的40多天里，他一直连续工作很少休息。

疫情期间，李雨阆始终坚守在疫情"防输入"的最前线，春节期间全时铆在守卡执勤岗位上。苍溪县龙江世纪小区出现确诊病例，他主动请缨到患者居住的小区开展隔离工作，逐家逐户进行人员排查，劝导居民服从安排，该小区再无人感染。

2020年10月8日，国庆中秋"双节"假期的最后一天，下午3点35分，处置完一处警情返回东城派出所值班室的李雨阆，接到"有人欲跳河"的报警，当即与同事带着装备前往事发地点。陵江派出所教导员张光桥、民警欧皓也赶来，随后，两所民警沿江分头搜寻，开展救援。李雨阆与同事沿着嘉陵江仔细搜寻，终于在第二个石堤上发现一个女孩的身影。他对同事说："我把警服脱了，先去稳住她，你去车上拿装备。"同事说："你慢点，注意安全！"

李雨阗翻过栏杆，向女孩轻手轻脚地跑去。还没等到他近身，女孩突然坠入江中。当天正值亭子口水利枢纽泄洪，水流快、暗流多，水深在 3 米以上。李雨阗救人心切，没有任何犹豫，纵身一跃跳入江中，死死地抓住女孩，拼命往岸上推。欧皓赶紧跳进河中，但却没将他拉住，眼看着湍急的江水无情地将两人卷走。欧皓在湍急水流中向前游行十几米，后又被水卷了回来，终因体力不支返回岸边。而李雨阗壮烈牺牲，年仅 31 岁。"直到被江水淹没，他也没松开那个女孩的手。"欧皓痛苦地说。危急关头，李雨阗总是那个敢于站出来、冲在最前面的人。

2021 年 2 月，李雨阗被四川省人民政府评为烈士。

2021 年 2 月 26 日，中共四川省委、四川省人民政府给李雨阗同志追记一等功。

十、道德模范——罗玮

罗玮，女，中共党员，生于 1986 年 1 月，大专文化，四川省苍溪县鸳溪镇学堂村人。

2005 年，罗玮从媒体上得知蒲江县妇女廖红霞肝硬化晚期，无钱医治，便赶到医院，表示愿意捐献自己的部分肝脏来挽救病人。捐肝存在很大的风险，如果手术失败或者留下后遗症，都将威胁罗玮的健康甚至生命，而当时国内尚无一例无偿捐肝者。罗玮的决定起初遭到家人和朋友的坚决反对，父母和哥哥专门赶到成都硬把她带回了广元。面对家人和朋友的强烈反对，罗玮耐心说服他们，最终取得大家的支持。她不顾手术是否会成功、术后是否会留下后遗症、日后健康是否会受到影响，毅然为

罗 玮

廖红霞无偿捐献了 55% 的肝脏。罗玮在手术前写下遗书："明天手术，如果手术失败了，我想捐掉我所有有用的器官……"手术成功了，与罗玮素昧平生的廖红霞获得了第二次生命，罗玮成为我国器官移植史上无偿为陌生人捐肝的第一人。

罗玮的义举引起广泛关注。在她康复期间，各界人士为她捐款 10 多万元。她在身体基本康复后，又与有关方面发起募捐，连同住院期间社会各界捐赠余额 3 万多元，在广元市郊区建起了第一家老幼托管中心，照料外出务工人员的老人、小孩的生活起居，辅导"留守儿童"学习。2007 年开始，她将自家房屋补偿款 8 万余元作为投入，先后在广元市苍溪县龙山镇大牟村、双河乡分别建起了"罗玮留守学生之家"。她还向社会发出倡议，争取 3 年内让全市所有农村留守的老人和孩子有一个温馨安乐的家园。罗玮曾获"四川省十大杰出青年""四川省十大杰出女性"称号。

汶川特大地震发生后，罗玮一方面安顿好托管中心老人们的临时住所和生活，另一方面主动到广元市医院当志愿者，奔赴青川重灾区救助群众，并陆续接收青川受灾老人和儿童 300 余人到托管中心临时安置。

2008 年 5 月，在抗震救灾中她光荣入党。

2008 年，被评为四川省抗震救灾模范。

2009 年，被评为四川省道德模范。

2009—2012 年，她帮助剑阁县的乡亲们引资数百万，利用闲置土地种植核桃 3000 亩，大幅带动当地经济发展。

2010 年，荣获广元市十大女杰特别奖。

2012 年当选党的十八大代表，感动中国十大人物；获全国道德模范提名奖、全国创优争先优秀共产党员等荣誉称号。

2013 年 9 月，获全国助人为乐道德模范称号。

第二节　脱贫攻坚换新貌

改革开放以来，特别是党的十八大以来，龙隐人民传承红色基因，发扬红军精神，坚持以习近平新时代中国特色社会主义思想为指导，各级党委政府及帮扶单位坚守信念，胸怀全局，团结奋进，勇当前锋，把脱贫攻坚当成最大政治任务，牢固树立政治意识、大局意识、核心意识、看齐意识，坚持把"三严三实"作为一种作风、一种精神，作为一个标准、一个境界，全身心地投入扶贫攻坚工作。在实际工作中，坚持实事求是、因地制宜，扶贫先扶志，努力开发扶贫项目，在扶贫过程中，认真践行社会主义核心价值观，面对现实，做到精准扶贫，勇敢克难攻坚。经过一番寒彻骨，迎得梅花扑鼻香。2020 年，原龙隐苏区的各村组，经国家验收已全部脱贫。地区面貌发生了翻天覆地的变化。站在当年苏区革命中心的龙隐寺山上，看龙隐大地，层林尽染，山山埋忠骨，林林皆丰碑；乡村建筑物鳞次栉比，舒适的农家小院、漂亮的乡村别墅、美丽的小楼房，乡、村、组、户的沥青路、水泥路、路灯、网线、高低压电线蛛网般地分布在大地上；层层梯田，新标改的塘、池、库、堰星罗棋布于这片红色的土地；成片的果园、药园、无公害种植园、生态饲养场、园有规划地布局在各村组；新村、文化市场的建设，点缀了画卷般的美丽乡村。如今的龙隐，到处绿水青山，春夏之间，百花齐放，麦浪滚滚，夏秋之间，遍地金黄，稻花飘香；滚滚嘉陵江蜿蜒流向东方；亭子口电站横卧在嘉陵江上，亭子口湖水碧波荡漾、银光闪闪；嘉陵江大桥，横空出世，飞架南北；油气田井架林立；兰渝高速公路、兰渝铁路玉带般穿境而过。郁郁葱葱的国有森林，松柏参天；茂密的森林植被，兔麂穿行、百鸟争鸣；泉水淙淙，溪流不涸；山坡平地，田畴沃野，绿树茵茵，鸟语花香。宜人的气候，清新的空气，沁腑的芳香，优美的自然风光，崭新的乡村面貌，展示出扶贫、脱贫的千秋功业。

老区人民必须继续坚持发扬艰苦奋斗的精神，学党史，感党恩，跟党走，内生动力，砥砺前行。在感恩奋进的新时代，筑梦奋斗新征程的道路上笃行致远，确保脱贫成果，抑制返贫现象，为建设更美的新农村高歌猛进。

一、五龙镇龙隐村

五龙镇龙隐村，2019 年与五龙镇平安村合并后命名为蟠龙村。

龙隐村是中国工农红军第四方面军建立的龙隐寺乡苏维埃政府所在地，龙隐苏区革命活动的中心。这里，鸡鸣四乡（五龙镇、鸳溪镇、浙水乡、白鹤乡）山水秀丽，古驿道交会，文物古迹，风土人情，奇石古柏，峭壁岩洞，千姿百态，积淀了厚重的地域文化和

苍溪县五龙镇龙隐村（现名蟠龙村）"两委"驻地

红军文化。古老的龙隐，经历了红军革命斗争血与火的洗礼，红军在这片红色沃土上播下红色种子，勤劳朴实的龙隐人，继承红色基因，传承红色文化，发扬自力更生、艰苦奋斗的革命精神，一代接着一代干，家乡面貌发生了巨大变化。

中共广元市委编办在龙隐村扶贫

党的十八大以来，全村人民坚持以习近平新时代中国特色社会主义思想为指导，克难攻坚，摆脱贫穷，努力建设社会主义新农村。2015年，中共广元市委编办对口扶持龙隐村，帮助指导龙隐村

唐明军办的养殖场

打赢脱贫攻坚战。市委编办领导和派驻村干部，沉下心、负起责，不畏艰、勇担当，求真务实办事，协助龙隐村新一届领导班子，找项目、找资金、找出路、造规划、定方案、修道路、改民居、兴水利、扶贫困，发展集体经济、庭院经济，改变村容村貌。动员在外务工的有志青年回乡创业建设龙隐。在市委编办、五龙镇党委政府领导的动员下，在外办企业、经商很有成就的曾其奎回村选任村党支部书记，组成新一届领导班子，朝气蓬勃地带领全村人民克难攻坚奔小康；长年在外务工的张家寿回乡办起了山鸡、鸭、生猪养殖场，2021年8月义务驰援河南郑州抗洪救灾近半个月；唐明军、曾

普贤、薛小红，分别投资 80 万、100 万、200 万元，建起了规模养猪场，生猪年出栏数超万头；承包流转土地 300 多亩，建起了"脆冠"雪梨园。唐明军兴办的"龙福家庭农场"，是省、市、县挂牌的示范场。

传承红色基因，开展红色文化教育，以优秀红色文化培育后一代。中华人民共和国刚成立，老红军孙邦成（五龙乡首任乡长、首任龙隐村党支部书记）大力开展红军文化教育，为社会主义建设事业输送人才；五龙乡首批公办教师薛春洲、中学高级教师曾泗贤（五龙乡首位名牌大学生）以红色文化教书育人几十年，培育了大批优秀人才，桃李满天下；土地革命时参加革命的薛泽文（苍溪县三川区委书记、苍溪县人事局局长）、军转干部孙泽尧（苍溪县五龙区副区长、苍溪县蚕桑局总经理）、退伍军人曾清贤（苍溪县检察院副检察长）等，发扬红军精神，全身心投入社会主义建设事业。勤劳朴实的龙隐人，学党史、感党恩、跟党走、树新风。2018 年 10 月，村关工委常务副主任李正荣建立了"龙隐村感恩爱心团队"微信群，为村里贫困家庭、白血病患者、贫困学生提供帮助，号召爱心人士共捐款 6.8 万元，为打造龙隐红色文化教育基地捐资 1 万多元；六组孙永兰、孙鹏姐弟俩为本组公益事业捐款 32.6 万元；二组曾普贤投资近 100 万元，新修、硬化村组公路 1.1 公里。

在各级党委政府的指导下，市委编办领导与村"两委"带领全村党员干部和村民，共同努力，建成三横三纵七出口的硬化道路 21.5 公里，标改山坪塘 9 口，新建蓄水池 1 口，建成集中供水 9 处；配套管网全村覆盖，全村六个村民小组电网改造升级，新增变压器 5 台，电网线路改造 16 公里，光纤入户率达 97%；改造土坯房 16 户，98 户享受 C、D 级危房改造；公共活动场地 400 余平方米（村卫生室、文化室、电商超市等），文化广场 600 余平方米，引进养殖大户 10 户；实现年均户增收 1500 元，人均收入万元以上。

2021 年经各级检查验收达到脱贫，全村旧貌换新颜。

二、五龙镇新梁村

五龙镇新梁村，大部区域曾是龙隐寺乡苏维埃政府革命活动的中心地段，中国工农红军、龙隐寺乡苏维埃政府在这片土地上组织、发动群众，与国民党反动派、土豪劣绅进行了殊死搏斗，为中国人民解放事业留下了许多可歌可泣、鲜为人知的革命故事。

党的十八大以来，在各级党委政府领导下，在广元市城管局

五龙镇新梁村全貌

新梁村新貌一角

新梁村"两委"为村民服务　　　　　　新梁村村民新居

大力帮扶下，村"两委"抓住机遇兴产业，拓展致富新路，以强基础，提高生活水平为抓手，首先打通联村入户交通网络，硬化道路，让老百姓的农产品不愁销，真正享受交通设施升级带来的便利。与此同时，大抓民居改造，新村建设，发展生态种养业，建起了生态养鱼场，生猪养殖场，红心猕猴桃、黄金梨、中药材种植项目。

三、鸳溪镇龙岩村

鸳溪镇龙岩村，2019 年与学堂村合并后更名为学龙村。

鸳溪镇的学堂村和龙岩村曾是龙隐寺乡苏维埃所辖的龙岩村

鸳溪镇学龙村新貌

苏，1935 年初中国工农红军第四方面军 31 军石锣锅河渡口的主要屯兵之地，解放初古楼乡人民政府所在地。这是红军曾浴血奋战的地方，钟灵毓秀、人杰地灵，红色文化基因孕育出一代又一代优秀人才。

鸳溪镇学龙村生态果园

在革命战争时期，有数十人为革命抛头颅洒热血。在社会主义建设时期，有土地革命时就参加革命的孙邦义（鸳溪乡党委书记）、杨东先（鸳溪乡乡长）、袁正雄（西南大学教授、注册会计师、终生享受国务院特殊津贴经济学专家）；继后有袁正良（广元市人大常委会秘书长）、孙泽焕（五龙区委书记）、杨开文（鸳溪镇镇长）等领导干部；有百余人先后参加中国人民解放军，有人甚至成长为将军。

在社会主义建设的各个时期，两村人民在中国共产党的领导下，发扬红军不怕困难、艰苦奋斗的革命精神，充分利用地利资源、人力资源，不断改变着贫穷落后的面貌。改革开放以来，特别是党的十八大以来，两村人认真贯彻落实习近平新时代中国特色社会主义思想，把脱贫攻坚、全面建成小康社会作为首要任务。学龙村"两委"新一届领导班子在广元市博物馆对口帮扶下，带领全村人民完成山、水、林、田、路、民居的升级改造，努力发展集体经济、庭院经济，建起了规模养殖场、养鱼塘和 300 亩猕猴桃产业，2020 年全面脱贫，全村人朝着全面小康社会目标奋勇前行。

四、鸳溪镇弓灯村

鸳溪镇弓灯村，是 2019 年由鸳溪镇弓岭村和炎灯村合并而成，辖 6 个村民小组，566 户，1900 人，境域面积 11.5 平方公里，耕地面积 2295 亩。弓岭村和炎灯村是 1935 年初中国工农红军第四方面军 31 军强渡嘉陵江石锣锅渡口的前沿阵地和主战场。

党的十八大以来，在苍溪县检察院、广元市中心医院的帮扶规划之下，在大唐公司的资金帮扶下，按照鸳溪镇党委统一安排部署，村脱贫始终坚持打好资金、项目、政策"组合拳"，积极争取项目资金，建强基础设施，户脱贫紧紧抓住"家家除陋习、户户建庭院、样样算细账、门门补短板、人人重感恩"，改善生产生活条件。经返贫预警监测点长期监测，无返贫和新增贫困人口。

在脱贫攻坚项目方面：弓岭村一、二、三、四组 2019 年易地搬迁基础设施项目资金 15 万元，整治山坪塘一口；2018 至 2019 年脱贫攻坚交通基础设施建设项目资金 84.49 万元，建设内容为五组道路硬化 2030 米；2018 年村级公共服务中心建设项目资金 9.21 万元，建设内容为公共服务中心改造；非贫困村文化室建设项目资金 1 万元，建设内容为购买图书、投影等设备；弓岭村卫生室能力提升设备购置项目，资金 0.5 万元，建设内容为购置卫生室设备；2018 年底，经检察院协调实施的土地整理项目，实现全村所有组道路硬化；2019 年，经过大唐公司帮扶的自来水管网延伸项目，全村八个组实现的了自来水全覆盖；实现村内互联网全覆盖。弓岭村五、六组 2013 年至 2018 年共完成村组道路硬化 19 公里，2014 年硬化村组道路 5.38 公里，2016 年硬化村组道路 5.62 公里，2018 年硬化 8.6 公里。标改山坪塘 4 口，新增有效灌溉面积 440 亩，新建集中供水 4 处，涉及 32 户 136 人，2018 年完成人畜饮水管网延伸自来水安装。

全村 77 户贫困户人均年纯收入均达到 3750 元以上，四年时间共实施完成易地扶贫搬迁 12 户 54 人，均已搬迁入住，另共计实施 C、D 级改造 57 户，均已完工。77 户贫困户均有安全饮水、生活用电、广播电视，100% 达到脱贫标准。

建立了 35 亩瓜蒌产业园作为村集体产业，发展村集体经济猕猴桃产业园，新建柑橘园 20 余亩。2018 年至 2019 年两年实现了 3 万余元的集体经济收入，同时每年能提供近 20 万元的就业岗位，保证在园区劳动的群众每天工资不低于 60 元，带动农户发展瓜蒌、茱萸 100 余亩，贫困户几乎家家有产业。

经过脱贫攻坚政策的支持，全村实现了自来水全覆盖，天然气清洁能源全覆盖，水泥路村组全覆盖，通信网络全覆盖，农民过上了和城里人一样的生活。

目前，正结合乡村振兴产业发展 100 亩黄金梨产业园，该产业园与土地整理地块、集体瓜蒌产业园连成一片。建成后，将会继续

嘉陵江石锣锅河渡口

带动全村产业从传统向新型转变。为在家的农民提供更多的劳动就业机会，更好地起到带动示范作用。

从长远看，在目前的产业基础上有望将产业面积扩大至 1000 亩，成

弓灯村35亩瓜蒌产业园

为沿湖一线的特色产业村。实现农村面貌的改观，农民增收致富。

1935 年 3 月 29 日凌晨，中国工农红军第四方面军 31 军 91 师一部、93 师大部在石锣锅渡口强渡成功。昔日渡口如今因亭子电站建成后蓄水淹没。

五、浙水乡红旗村

浙水乡红旗村原名二龙大队，1963 年与浙水乡红花大队 1、2、3 组合并后改名为红旗大队，几经变革，更名为红旗村。全村有 8 个村民小组，400 多户，1400 多人，土地面积 1100 多亩。

红旗村有着光荣的革命历史。1933 年，有数十人参加中国工农红军，《苍溪红军录》中记载 11 人，张子浩、李玉斌、李富德等人曾是红军中和中华人民共和国建设时期的中、高级干部。红旗村李家坪是中国工农红军 1935 年初强渡嘉陵江的前沿阵地之一，数十名游击队、妇救会、童子团人员，积极为红军渡江筹集物资，勇敢参加了红军强渡嘉陵江石锣锅、小浙河渡口的战斗。

社会主义建设时期，是四川省"农业学大寨"的标兵，苍溪县"农业学大寨"的一面旗帜；时任村党支部书记的李秀训是中共

红旗村李家坪大院

红旗村农业产业开发现场

红旗村二龙水库

十一次全国代表大会代表；村党支部副书记李凤银，1976 年被选为全国"农业学大寨"第二次代表大会代表进北京参加会议。

改革开放以来，特别是党的十八大以来，红旗村人认真践行习近平新时代中国特色社会主义思想，传承红色基因，发扬光荣传统，继续奋勇向前。现全村有标改中型水库一座、山坪塘 25 口、微型水池 10 多口，全村基本实现了水利化；建造药材产业园 600 多亩，蚕桑养殖园 250 多亩，山、水、林、田、路是道道风景线。

六、浙水乡盘龙山村

浙水乡杨柳村 2019 年与浙水乡花庙村合并更名为盘龙山村。

杨柳村和花庙村，是原龙隐寺乡苏维埃政府和中国工农红军先遣部队革命活动的中心地段，1933 年至 1935 年，龙隐寺乡苏维埃与中国工农红军在这片土地上展开了大量革命活动，留下了许多可歌可泣的红军革命故事。当年，数十人参加红军、游击队、妇救

杨柳村文家梁文龙市场

盘龙山村"两委"驻地

生态养殖

机械化生产

会、童子团，大多数红军战士血洒疆场，游击队干部惨遭杀害，兵器厂、服装厂为红军筹集了大量军用物资，不少游击队员参加了红军强渡嘉陵江小浙河渡口的战斗，为中国革命立下了不朽功勋。

社会主义建设时期，盘龙山村人发扬红军精神，努力建设家乡。在中国共产党领导下，全村人民奋发图强，不断改变贫穷落后面貌。改革开放以来，特别是党的十八大以来，为改变地理环境等多方面因素造成的发展稍微滞后状况，在各级党委政府的引领下，对口扶贫单位苍溪县委办、苍溪县粮食局积极配合盘龙山村"两委"带领全村人民克难攻坚，修水、修路，加大基础建设投入，兴修、完善在文家梁集三乡（五龙、鸳溪、浙水）周边村民修建的文龙市场；标改小型水库和山坪塘11口，容水量约500万立方米；生猪繁、养场6个，年出栏肥猪1.2万多头；建规模养鸡场1个，年产禽蛋500多吨；村、组、户水泥路，民居改造的新院落，小楼房，电线网络，私家小汽车遍布全村，村容村貌发生了巨大变化，各项经济指标有了很大提升，2020年全面脱贫。

七、浙水乡玄都村

浙水乡玄都村，2019年与浙水乡梁山村合并后更名为梁都村。

这是一片革命先烈用鲜血染红的土地。1933年至1935年有数十人参加了中国工农红军；是中国工农红军第四方面军强渡嘉陵江战役前清障消灭残敌的玄都观、尖山子战斗战场；是红四方面军强渡嘉陵江小浙河渡口的前沿阵地；是老红军、南充军分区陶伦传政委的故乡。

这片红色沃土，红色基因、红军精神代代传，有中华人民共和国成立时，首任浙水乡乡长后任乡党委书记的张仕林等党政干部，为社会主义建设事业忠贞不渝，有人民教师张仕金等优秀教师，为培育后代呕心沥血。

梁都村村委会

梁都花椒基地

梁都现代农业园

梁都花椒

　　红色基因传承于勤劳的玄都人，在中国共产党领导下，他们发扬红军精神，艰苦奋斗，不断改变家乡贫穷落后的面貌。党的十八大以来，优秀共产党员、村党支部书记梁云善，共产党员、县人大代表、村委会副主任张艾华等村"两委"成员，在苍溪县纪委的帮扶下，带领梁都村人，以脱贫致富奔小康为首要任务，克难攻坚，大力修水修路，发展家庭种植业、养殖业，创办集体经济产业园。全村各项经济指标大幅度增长，2020 年已脱贫。

八、浙水乡山水村

山水村位于浙水乡西部，距乡政府 18 公里、距县城 35 公里，由三台村、水文村合并而成，是亭子口水利枢纽工程移民村、村级建制调整改革合并村、省级乡村振兴重点帮扶村、乡村国土空间规划中心村。辖区面积 12.3 平方公里，耕地面积 2123 亩，林地面积 5216 亩。辖 6 个村民小组，523 户 1562 人，其中移民 84 户 118 人、脱贫户 65 户 188 人。村常职干部 4 名，组干部 6 名，党员 54 名。2020 年全村人均可支配收入 2.4 万元，村集体经济收入 1.3 万元。

产业发展有雏形。抢抓环嘉陵江产业带发展契机，发展梨产业 1000 亩，藤椒产业 400 亩，套种前胡等中药材 830 亩，发展家庭农场 5 个，年出栏生猪 5000 头以上、土鸡 10000 只以上，其中集体经济园 60 亩（藤椒 50 亩、柑橘 10 亩）。

交通建设有骨架。全村硬化道路 29.15 公里，其中通乡通村主道路 19.4 公里，沥青摊铺黑化 6.4 公里，通组道路硬化 9.75 公里。

人居环境有提升。实施易地扶贫搬迁 9 户，C 级危房改造 40 户，D 级危房改造 7 户，土地增减挂钩 37 户，目前全村砖混结构住房 262 户，占全村住房的 63%。通过"厕所革命"，开展三格化粪池改造等完成改厕 374 户，占全村 89%。新建集中垃圾房 8 处。硬化排灌渠系 9.6 公里，标改山坪塘 6 口，全覆盖安装自来水管网，实现集中供水 199 户。

社会事业有发展。现有党群服务中心 2 个、卫生室 2 个、图书室 2 个，全覆盖实现电力改造升级、广播电视、通信网络、天然气入户等。全村实现村"一低五有"和户"一超六有"。

省委组织部将浙水乡山水村作为新增定点帮扶村以来，充分发挥组织部门政治优势和组织优势，选优配强定点帮扶力量，扎实开展联系户结对帮扶工作，积极协调有关方面重点支持山水村项目建设和民生发展，为山水村巩固拓展脱贫攻坚成果与乡村振兴有效衔接提供了有力指导和大力支持。省委组织部29个机关支部结对联系29户相对困难农户，开展了入户走访慰问、专家义诊等帮扶活动。

山水村坚持"1234"发展思路（"1"就是锚定"建成全省乡村振兴示范村"一大目标；"2"就是守住"预警线、保障线"两条底线；"3"就是做好"组织保障、工作力量、发展规划"三大衔接；"4"就是突出"村庄规划布局有序、特色产业提质增效、人居环境生态宜居、组织人才强基赋能"四个示范），通过"七个一举措"（锚定一大目标、构建一个体系、建强一个班子、编制一个规划、实施一批项目、做好一个协作、带动一方群众），奋力推进山水村乡村振兴示范创建。

九、浙水乡小浙村

小浙村，2019年红花村与大湾村合并为小浙村，位于嘉陵江上游下段，辖区面积8.4平方公里，578户，1720人。

小 浙 村 是 1935 年初中国工农红军第四方面军 31 军强渡嘉陵江小浙河渡口的前沿阵地和主战场。

十八大以来，小浙村人不忘初心，牢记使命，认真践行社会主义核心价值观，

浙水乡人民政府所在地——新建的浙水场

在乡党委政府和五龙
粮食储备库的帮扶指
导下，在打造嘉陵江
旅游产业一体化的大
环境中，小浙村人发
扬当年红军强渡嘉陵
江的革命精神，克难
攻坚，努力奋斗，改
造土地，发展产业园

小浙河渡口

820 多亩，种植柑橘、养殖肉兔等经济产品。水、电、气、医疗卫生、通信网络、公路硬化全覆盖，民房改造集中建房 20 户，柏油公路 8 公里，兰渝铁路贯穿全村，小浙村亭子湖旅游、经济产业园基本形成规模，2020 年全村脱贫摘帽，全村山水如画。

十、亭子口电站

亭子口水电站位于嘉陵江中上游，在浙水乡坪江社区（李家嘴），是嘉陵江干流的控制性水利枢纽工程，从根本上解决了广元、南充等地 292.14 万亩土地和 181.7 万城乡人口的用水问题，并有效缓解了广元等川东北地区的电网调峰容量不足的紧张局面。

亭子口水电站，是四川大唐集团旗下较大的水电站，装机容量在四川排名前五。建设过程中创造了两项世界纪录：2010 年 12 月 29—30 日创造了单仓单日浇筑量 15840 立方米的同类工程施工强度的世界纪录；2011 年 10 月 22 日创造了天然骨料碾压混凝土世界第一长芯纪录。

亭子口水利枢纽工程，是嘉陵江干流开发中的控制性工程，也是 2009 年西部大开发新开工 18 项重点工程中唯一的水利工程。是以防洪、灌溉及城乡供水、发电为主，兼顾航运，并具有拦沙减淤等效益的综合利用工程。是国务院《关于加强长江近期防洪建设的若干意见》中确定的为完善长江防洪体系将于近期开工的6大防洪水库工程之一，也是四川省灾后恢复重建项目和拉动内需重点项目。调节库容17.5亿立方米，控制灌溉面积340万亩，可以解决63万缺水人口饮水，改善嘉陵江上游航运，拦截来自嘉陵江流入三峡水库的泥沙0.61亿吨，是减轻重庆港区和三峡库区泥沙淤积的重要控制工程。

交通是亭子口工程的第二大功能。亭子口既是一个特大型水利工程，同时又是嘉陵江渠化工程中最重要的一部分。嘉陵江全江渠化以后，将缩短航道里程56.2公里，四川境内682.2公里航道将达到三、四级通航标准，其运力将增长4倍，可以从广元直达上海。在发电方面，亭子口电站计划装机80万千瓦（实际工程总装机容量为110万千瓦，年发电量约32亿千瓦时），年发电量29.6亿千万时，其发电能力比宝珠寺水电站还大，将成为四川电网不可多得的、具有调节能力的水电站。亭子口是嘉陵江全江渠化

川东北水利枢纽——亭子口水电站

的龙头。亭子口竣工后形成的"亭子湖"，旖旎的嘉陵江风光更有条件获得旅游开发：嘉陵江渠化后将形成新的旅游景观——15个首尾相连的高峡平湖。从上一级到下一级经过升船机或船闸，那也是一种难得的体验。工程总装机容量为110万千瓦，土石方工程量1638.22万立方米，总建筑面积1.49万平方米，水库回水全长150公里、面积109.2平方公里，大坝坝顶高466米，正常蓄水位458米，总库容41.16亿立方米，设计灌面340万亩。工程动态总投资119.13亿元，静态总投资109.64亿元。建成后可为三峡水库库尾的重庆港每年减少输沙量6400万吨，占嘉陵江总输沙量的45%。同时，可将嘉陵江沿岸7个城市的防洪能力由2至5年一遇，提高到20至30年一遇。还可为广元及下游的南充、广安、达州、重庆5地市12个县的340万亩粮田提供水源。

十一、东方红水库

东方红水库位于苍溪县五龙镇青丰村，多年以来，原龙隐苏区大部分地区缺塘少堰，农业生产用水特别困难，农作物产量受到极大影响，为了解决这一难题，20世纪60年代，中共五龙区党委进行多方考察，县农业、水利等部门进行实地勘察规划，并得到苍溪县委、县政府和有关部门批准，由五龙镇、鸳溪镇、浙水乡组织人工在青丰山谷修建中型水库，命名为"东方红"。设立修建指挥部，5个民兵基建连，由区委副书记张露芳为指挥长，廖永德为数据

东方红水库石水渠

记录管理员，三乡镇人民发扬当年红军一不怕苦、二不怕死的革命精神，苦战 8 年，投工 300 多万人次修建成功，容水量达 398 万立方米，修引水渠 40 多公里，灌溉三乡 15 个村 106 万亩粮田，解决了 15 个村的农业用水困难。

东方红水库

附录：

嘉陵江上红军渡

杨正平

我常常自以为荣——老家门前有条小河沟，河水清澈，长流不断，儿时总爱下河游泳、捉鱼、放牛；读中学走出小山沟，遇见一条河叫鱼洞河，是广元南河的上游、嘉陵江的支流，古称"汉寿水"；参加工作后，走近广元嘉陵江，生活和工作在南河与嘉陵江交汇的城市，几乎每天触摸柳堤、绿道、芦苇和江水，与嘉陵江结下不解之缘。

嘉陵江是长江上游第二大支流，发源于陕西秦岭代王山，流经陕西、甘肃、四川，在重庆朝天门汇入长江。沿途山势陡峭，深壑峡谷，水流湍急。全流域有很多渡口，其中不少也是过去的水驿站，渡船是两岸来往的重要通行工具。

红色血液浸透千里沃土，嘉陵江记载着一个个英雄的故事。1932年12月，红四方面军从陕南向四川东北部挺进，与四川邓锡侯敌部展开一次又一次激战，在旺苍设立红四方面军指挥机关，相继解放川北各县。红军反"六路围攻"取得胜利后，红四方面军接到中央"集中兵力，向嘉陵江以西进军，配合红军北上"的电令，发出"打过嘉陵江，迎接党中央"的战斗号令，强渡嘉陵江，实现红军长征的重大战略转移。

红四方面军为突破国民党军队据守的嘉陵江防线，西进与中央红军会合北上，军委总部于1934年2月中下旬在苍溪永宁殷家角老房子召开筹划渡江的军事会议，决定择时在苍溪及上下的广元和阆中江段的各渡口渡过嘉陵江。

鸳溪渡口居苍溪城北之上。对面是剑阁鹤龄，江边荆棘丛生、江水流速缓慢、河面较窄，被选定为首次渡江渡口。红31军从三个团挑选120余人组成渡江突击队汇集在树林整装待发。1935年1月24日晚深夜，指挥员下达命令，首批38名勇士分乘三支木船，从石桥河口出发，在茫茫夜色中划破江水，冲向嘉陵江对岸。上岸后，迅速隐藏在灌木丛中。第二批船只刚一出发，就被敌军发现，顿时机枪炮弹一齐发射，后续部队受阻，已渡江的战士浴血奋战，与敌军展开生死搏斗，终因寡不敌众，突击队除两人幸存外，其余36人牺牲，鸳溪渡江失败。

时值冬季，天气寒冷。红军总部认真总结鸳溪首次渡江失败的教训，重新部署兵力，组织红军驻扎在嘉陵江两岸，深入了解敌情，训练水兵，制造船只，做好集中渡江的充分准备。红军指挥部深入进行政治动员，在旺苍东河展开紧张的水上练兵。担负突击任务的220名水兵战士，不顾刺骨寒风，在江水中训练划船，手中的茧疤浸进冰水，裂开道道血痕，疼痛难忍，仍然坚持训练，没有任何人叫苦叫累，也没有一人借故退却。

嘉陵江上以前没有桥，码头渡口的渡船被川军西逃时掠走或破坏。红四方面军总部动员一切力量，自己动手建造一批船只，在嘉陵江支流的东河王渡场附近山林里，秘密建起造船厂。苏区干部群众积极支持红军渡江作战。造船只没有木材，当地群众主动运来；没有船钉，四处收集废铁敲成碎块，自建火炉熔炼成铁打造钉子；没有造船师傅，川陕省委从苍溪、阆中、南部、巴中挑选有名的木工和铁匠，背着干粮工具，从大巴山昼夜兼程赶来；没有漆料，老百姓把自家点灯和漆嫁妆用的桐油省下来送到工地。中国工农红军第30军军长余天云、政委李先念和省苏维埃政府副主席余洪远等同志现场领导，苍溪县委书记陈子谦走乡串户动员群众支援红军。军民齐心协力，经过夜以继日的紧张工作，终于造出百艘宜于渡江战斗的"毛蚌壳"和"五板船"。

嘉陵江上，广元县至南部县沿岸，系川军田颂尧和邓锡侯两部52团兵力集中把控区。红四方面军总指挥徐向前亲自率领有关人员，沿江勘察地形及水文情况，拟定周密的作战计划，选择渡江地点，决定集中主力，占领嘉陵江对岸地区。

一切准备就绪，渡江战役即将展开。嘉陵苏区和嘉川苏区的造船工人，也在猫儿跳（今昭化区虎跳镇）和永宁铺等地的树丛林里隐蔽造船，为渡江红军作战使用。1935年3月27日，当地群众积极组成抬船队伍，趁天黑秘密行走四五十里山路，把船抬到指定地点。各级地方党政机关还广泛动员群众为红军筹集粮食，运送武器弹药和药品，有力地保证了部队渡江作战的所需物资。

强渡嘉陵江战役3月28日开始。红军指挥部设在苍溪县城近郊塔子山下的谭家大院，总指挥徐向前、副总指挥王树声、30军政委李先念亲自指挥战斗。当晚9时许，红30军88师263团两个营和总部教导营，在塔子湾附近神速秘密渡江，直逼对岸。渡江战斗展开后，红军架设在塔子山的数十门火炮和几十挺重机枪立即向敌猛烈射击，掩护突击部队胜利登岸，歼敌一个营，击毙一名敌团长，又击退左右两翼敌人的反击，巩固了塔子山对岸的杜里坝、老君堂、胡家场一带的滩头阵地。29日凌晨，红88师后续两个团秘密渡江，攻占飞虎山、高城山、万年山等制高点，并击溃阆中后撤之敌第2师第5旅。就在同一时间，红31军于苍溪城北的鸳溪口强渡成功，迅速攻敌险要阵地剑阁鹤龄火烧寺，激战6小时，歼敌一个旅、200余人，俘敌400余人，敌旅长开枪自杀。这一重大胜利为夺取剑阁县城开辟了道路。红30军、31军、9军主力于苍溪涧溪口及阆中境内的沙溪河、南津关、塔子湾、河溪关、茄子渡等渡口顺利渡过嘉陵江，31日攻克阆中；红9军一部在红4军一部的配合下经阆中南下，于4月2日攻占南部县城，歼敌3个团。驻广元江东沿线的红军，分三路从红岩寺至青牛庙百余里长的几个渡口过江。红93师某团用事先准备好的船只、竹筏、纤绳，连夜在猫儿跳王爷庙河湾至对岸的熊家坝之间架起一座长两百多米的浮桥，30日凌晨源源不断过江；驻旺苍坝、永宁铺、元坝子、大石板等地的红四方面军政治部、供给部、31军军部、医院、妇女独立团、儿童团以及抬送伤员的担架队，驮着辎重的马队，也陆续汇集到猫儿跳罗家渡口，有的坐船，有的走浮桥，浩浩荡荡跨过嘉陵江。至此，强渡嘉陵江战役取得圆满胜利，为突破嘉陵江防线，攻打剑门关，相继解放剑阁、昭化、梓潼、平武、青川、彰明、北川及江油中坝城，赢得了时间和战机。为有力配合中央红军转战川黔滇边区，巧渡金沙江，实现红军北上会师做出了巨大牺牲和贡献。

嘉陵江，水之绿、山之青，水是金、山是银。滔滔江水紧跟时代步伐，与时俱进，勇往直前。嘉陵江今非昔比，中华人民共和国成立至今，广元、南充、广安和重庆区域内，已建起无数座大桥和梯级电站，昔日的码头、纤夫、船只及船工号子声，早已消失在巍巍群山之中。如今的嘉陵江不仅是一条普通河流，还是集发电、灌溉、防洪、生态于一体的旅游景区。

我与嘉陵江有缘，我爱我的母亲河。我在苍溪县龙隐村扶贫期间，专程去嘉陵江鸳溪渡口探寻当年红军渡江的英勇和惨烈，听老人讲述有关红军的故事。龙隐村位于五龙、鸳溪与浙水三镇的交界地带，距嘉陵江仅有半个小时路程。午时，我顶着烈日，踏上船板，遥望四周青山，抚今追昔，心潮起伏。昔日渡江的渡口与江面已改变模样，被苍溪亭子口电站形成的亭子湖淹没，呈现在眼前的是一片碧波荡漾的宽阔水面。在鸳溪乡石板村还保留一个渡口，有一艘铁板船，每天定时航运通行，不久也将被新建竣工的跨江大桥所取代。龙隐村三组今年92岁的韩秀林老人讲述，过去鸳溪口上下有小浙河、石锣锅、鸳溪寺三个渡口，红军首次渡江是在石锣锅渡口。红军第二次大规模渡江在三个渡口同时展开。她说，那时她只有七八岁，但印象很深，龙隐寺山上到处有红军，渡江前几天晚上，当地群众参与红军抬船、扛竹筏、背半桶、背木板，灯笼火把连成线，通宵不停。龙隐村红色资源丰富，红色遗址众多，红军故事广为流传。村里人热爱家乡，重视红色文化挖掘和宣传。退休干部薛太平和李正荣两位老同志，花费几年时间，自费收集红军故事，走访当地几个乡镇健在的老人，编写《红色龙隐》资料，宣传龙隐村，宣传红军精神，传承教育后人。年已七十的李正荣老人在子女的支持下，花上万元自购一部佳能相机拍摄照片、收集资料。龙隐寺附近曾发生过四坪里战斗、玄都观战斗、尖山子战斗，流传着红军女子宣传队、乡苏维埃游击队、红军兵器厂、老中医救红军、三天三夜抬渡船、严惩恶霸地主等革命故事。退休老校长牟伦德筹集资金在五龙镇青凤村修建烈士陵园，作为本地红色教育基地。

苍溪是川陕革命根据地的重要组成部分，是红四方面军长征出发地。红军在苍溪转战近两年，发生战斗百余次，有三万人参加红军。在建军60年之际，苍溪县人民政府在嘉陵江东岸的塔子湾原址建成一座"红军渡"雕塑。正面"红军渡"三个大字由徐向前元帅题写，三名红军战士和两名赤卫队员的半身塑像，高大威严，他们怒目圆睁，机警地注视前方。我已记不清多少次走进红军渡，每去一次都有新的感受和收获。4月下旬，我们单位开展"学党史、忆初心、担使命"主题教育活动，再一次来到红四方面军强渡嘉陵江战役纪念地，瞻仰历史遗址，缅怀英雄功绩，寻求革命真理。红军碑林前，忆初心、讲传统、听党课；纪念馆内，参观历史图片展览、观看《强渡嘉陵江》影视片；雕塑下，重温入党誓词、齐唱革命歌曲、诵读毛泽东诗词。此时此刻，我们仿佛又回到那风烟滚滚的革命战争岁月，仿佛看到了英勇的红军战士冒着敌人的隆隆炮火、飞波逐浪、勇往直前。一段江水一段故事，一代人的牺牲换来后代人的幸福。离开时，我在手机里记下《参观苍溪红军渡有感》："明理增信重力行，红军渡口祭英魂。石刻碑廊思前贤，渡口雕像忆初心。曲曲颂歌献给党，首首史诗荡激情。崇高理想大于天，不负铁肩担使命。"

嘉陵江水千古流淌，红色故事千古流芳。嘉陵江上昔日的渡口已经消失了，也很难见到一只木船。青山常在，涛声依旧；峥嵘岁月，初心不改。当年红军战士浴血奋战的英勇场景犹在眼前；红军不胜不休的战斗精神，永远放射出不败的时代光芒；一个个在战斗中光荣牺牲的红军战士，永远铭刻在青山绿水之中。

原载2021年6月5日《广元日报》

后　记

　　龙隐苏区，是指1933年苍溪县三川区第九乡——龙隐寺乡苏维埃政权所辖的龙隐村、杨柳村、龙岩村、三台村、玄都村，按现行行政区域，覆盖着五龙镇部分、鸳溪镇部分和浙水乡全境20多个行政村的龙隐寺、盘龙山地域。《红色龙隐》中记录的革命活动，全部发生在这一地域范围内。《红色龙隐》的"红色"是苏区260个青壮年参加红军革命牺牲的鲜血染红的；是喋血雕磨嘴、头断阙子寺、尸沉黑水塘的英雄们的鲜血染红的；是中华人民共和国成立后参加抗美援朝的英烈们的鲜血染红的。

　　习总书记指出："把红色基因传承好，把红色江山世世代代传下去。"为了贯彻落实这一重要精神，加强青少年的思想教育，积极开发红色文化教育基地，《红色龙隐》在各级党委政府的期望和指导下即将正式出版。编写工作得到了原龙隐苏区内的五龙镇、鸳溪镇、浙水镇党委政府和中共广元市委组织部、中共广元市委编办的大力支持。市委编办一级调研员杨正平同志在扶贫攻坚帮扶龙隐村期间，实地调研后认为"很有必要更深层次挖掘苏区红色文化"。龙隐村与平安村合并为蟠龙村后，村党支部成立了《红色龙隐》编写组，党支部书记曾其奎总体策划安排，村关工委常务副主任李正荣深入村组、家庭访问调查、收集资料、拍摄照片，为本书的编辑做了大量有益的工作。很多资料，是从健在的八九十岁以上高龄老人断断续续的叙述中记录整理而成的。这些老人中，有的亲身经历过血与火的斗争，本身就是游击队队员、童子团团员、妇救会的成员，有的是游击队队员、童子团团员、互救会成员的后代或亲属，许多老同志、老干部积极主动为编写组提供鲜为人知的珍贵资料和红色故事。可以说《红色龙隐》是老苏区群众共同创造的成果。

在《红色龙隐》编写过程中，编写组参阅了苍溪县委党史研究室编印的《血沃苍溪》及其他重要文献资料。县委党史研究室主任赵军、编研室主任张剑等有关领导，对本书编纂给予热心指导，三次进行审核修改，提出宝贵的指导意见；中共广元市委编办和五龙镇党委、镇政府主要领导给予极大关心和支持；杨正平同志对本书的统筹策划、框架结构、编辑出版做了具体指导；五龙镇关工委常务副主任牟伦德（五龙小学原副校长）、办公室主任周辉鉴（原白鹤乡初中校长、五龙小学副校长）、成都师范学院曾其国博士（五龙镇龙隐村二组人）对书稿进行了修正；广元市科普作家协会常务副会长杜华赋对全书标题做了精心修改和润色；市委组织部四级调研员何党生对正文重点内容做了校正。四川武都电站、苍溪县五龙中学、苍溪县五龙镇中心小学校及社会人士积极为本书的编辑出版、红色龙隐教育基地的打造出资出力。在此，一并致以诚挚的感谢！

《红色龙隐》是龙隐老区人民向党的二十大献上的一份厚礼。由于时间跨度大，许多资料收集困难，再加之编者水平有限，书中

难免存在不少错误和缺漏，诚望相关部门的同志和广大读者给予批评指正。遗漏、谬误部分，恳请知情者继续提供资料，待后修正补增。

编　者
2020年7月于广元

《红色龙隐》执笔主编简介

薛太平，生于1951年1月，四川省苍溪县五龙镇龙隐村人，1971年5月加入中国共产党，大专文化，会计师，经济师。1969年应征入伍参加工作。在部队历任班长、文书、副排长、军教导队军政教员等职。1976年退伍回乡任村民兵连长、本村学校代课教师。1978年任五龙乡社队企业辅导会计，兼任五龙区农机厂会计、五龙区服装厂会计。1988年任苍溪县乡镇企业局直属企业任会计，1990年任五龙区乡镇企业办公室主任，2012年退休。